体を強くする
サラダ・ジュース
Salad Juice

浜内千波

日本文芸社

まえがきにかえて

　私が毎朝続けている料理に、ジュースがあります。ほんの2分もかかりません。前夜にジュース用の野菜や果物をチェックしておけば、本当に楽な料理になります。
　お恥ずかしい話ですが、以前、私は時間に余裕がなくて朝食を作れませんでした。そんなある日、主人から「朝ごはんには、豆乳と牛乳、あんパンとサンドイッチ、どの組み合わせがいいの？」と質問され、びっくりしました。同時に、「これではいけない。ごめんなさい」と反省しました。
　たとえ時間がなくてもジュースなら続けられるかもしれない。作ってみたら、私自身も楽だし、飲む人の体にも負担がかからない。以来、すっかりジュースの魅力に取りつかれています。
　ジュースの素材たちには、体の機能を整える栄養がたっぷり含まれています。ですから、毎日続けることにより、元気な体を持続させることができます。
　人はいつもベストの状態というわけではありません。疲れがたまったり、立ちくらみがしたり、二日酔いになったり。始終いろんなことに遭遇するのも人間の体。そんなときに、症状にあった栄養を含んでいる食材たちを組み合わせてジュースにし、おいしく飲み、対応できる体にしたいものです。
　なお、いろいろと症状の改善などについてふれていますが、この本は医学書ではありません。もし、明らかに疾患のある方は、専門の医療機関の指導を受けるようにしてください。
　ここで紹介したジュースが、みなさんの悩みの解消に役立つことを願っています。

浜内千波

目次

まえがきにかえて 5
新・ジュースの法則 12
ミキサーについて 16

1 一週間集中ドリンクで、不調改善

便秘解消 20
デトックス 22
メタボ 24
冷え 26
下痢 33
むくみ 34
肩こり 36
免疫力アップ 38
風邪予防 43
疲労回復 46
ストレス解消 48
ダイエット 50
しわ予防 54
シミ予防 57
一日の野菜補給に 61
朝ごはん代わりに 64
栄養バランス 66

2 今日の悩みに、即効の一杯

寝起きにすっきり朝の一杯 70
体が重い日の朝は 72
夕飯を食べそこねた翌朝に 74
加齢臭 76
にんにくとにおい消し 80
胃が重いときには 82
寝不足のときに 84

3 最強野菜ベスト10

ほうれん草	88
小松菜	92
トマト	96
ブロッコリー	100
レタス	104
サニーレタス	108
にんじん	112
セロリ	116
キャベツ	120
ピーマン	124

4 美容・アンチエイジングにも

メラニン色素を抑え、シミ、そばかすを予防	130
体の内から健康を保ち、しっとりとした美肌の効果も	131
善玉菌を増やして腸内を掃除。美肌を保ち、虫歯の予防も	132
コラーゲンを増やして肌を強くし、紫外線によるシミ、そばかすを防ぐ	133
内側から体調を整え、常に張りのある肌を保つ	135
むくみを取り去り、腸内をきれいにする	136
便秘の悩みから開放され、強くきれいな肌に	137

5　「食べるジュース」は「飲むサラダ」

レタス、キャベツ、豆乳	142
セロリ、ほうれん草、粉チーズ	144
ブロッコリー、水菜、大豆	146
紫キャベツ、牛乳	148
サラダ菜、牛乳	150

6　「おいしい」から続けられる

マンゴー、レモン、牛乳	154
いちご、バニラアイスクリーム、レモン	156
ぶどう、キャベツ、レモン、はちみつ	157
バナナ、クレソン、牛乳	158
オレンジ、メロン	159
いちご、ブルーベリー	160
りんご、レタス、牛乳、はちみつ	161

7　慢性疾患は、毎日飲んで予防・改善

高血糖	166
高血圧	168
高コレステロール	170
骨粗しょう症	172
更年期障害	174
貧血	176
老化	180
生理不順	182

コラム

オリゴ糖とはちみつ	53
野菜と果物の保存法	79
豆乳―無調整と調整	139
外葉、ワタ、皮も使いきる	163
「ファイトケミカル」とは	179

症状・効果・改善別索引	184
素材別索引	187
おわりに	191

本書を使う際の注意点

▶ 本書で紹介しているジュースの分量は、
  1杯200mlを基準にしていますが、作りやすい分量を優先させました。

▶ レシピの材料表に「はちみつ　お好みで（大さじ1）」の表記がありますが、
  これは大さじ1でそのジュースのカロリーを計算していることを示しています。
  大さじ1を目安にして、お好みの分量にしてください。

▶ 第3章の主な食品成分は「五訂増補日本食品標準成分表」に基づいてまとめてあります。

▶ 単位と記号
  mg（ミリグラム）は1000分の1グラム。
  μg（マイクログラム）は100万分の1グラム。

▶ 本書は医学書ではありません。
  疾患について自覚症状がある方は、専門の医療機関にご相談ください。

新・ジュースの法則

ジュースを見直してみませんか。
市販のジュースではありません。ミキサーを使って作る、
あくまでも自分の体調に合わせたマイ・ジュースです。
でも、むずかしいことはまったくありません。
むずかしかったら、三日坊主が関の山で、毎日作って飲めません。
毎日飲み続けることが、何よりもたいせつです。

シンプルで簡単な料理、それがジュース

ジュースも料理の一つと考えましょう。サラダをおいしく作るには、野菜の水切りのしかた、切り方、そしておいしいドレッシングとの組み合わせ、というようにそれなりのテクニックが必要です。そんなサラダよりもシンプルで簡単な料理、それがジュースです。

1分間で作れ、立ち飲み感覚で

タイムリミットは1分間。作ったら、そのまま立ったまま飲める料理。5分もあれば、作って飲み終えられます。ちょっとわくわくしてきませんか。

外葉、皮、根っこを生かし、生のままで

どうしてそんなに早くできるのか。材料の野菜や果物を洗ったら、手でちぎっても包丁で切ってもよし、とにかく手早くひと口大にします。ほかの料理には少し使いにくい、固く、筋っぽい部分を入れてしまっても大丈夫。ミキサーの扱い方は、みなさんのご承知のとおりです。

レシピは、あくまでも目安にして

野菜のみで作ったジュースは、初めての方には少し飲みにくいと思います。そう感じたら、バナナやりんごなど手近にある果物を加えてください。牛乳や豆乳の分量を変えると、コクやマスキング効果によって、飲みやすくなります。砂糖、はちみつ、オリゴ糖で甘みをつけても結構です。この本では、それぞれのジュースに使う材料に分量を表示してありますが、あくまでも目安です。

分量と甘みは、各自のお好み

甘味料の表記を「お好みで（大さじ1）」としていますが、大さじ1はジュース1杯のカロリーを目安にしていただきたいため。もちろん、高血糖や糖尿の症状がはっきりしていて、甘みを控えなければいけない方は、たとえ甘いほうが好きでも、甘味料がいけないことは、おわかりいただけると思います。

朝が一番効率的。でも、時は選ばずに

ジュースは、朝飲むのが気分的にも体の吸収にもよいものです。しかし、朝だけと決めつける必要はまったくありません。いつでも、飲めるときに飲むこと。
たいせつなのは、毎日飲むことです。

ミキサーについて

ジュースは、ミキサー、ジューサー、ハンドミキサー、ミルサー、スクイーザー（搾り器）、おろし金ですりおろして搾るなどの、いろいろな機器や道具を用いて作ることができます。
時間がないときでも、サッと作って飲んで出かけられる、手軽に素早く、しかも素材のもつ栄養成分を余すことなく利用する。こうしたもろもろの条件を満たす方法となると、どの方法でしょう。

ジュース作りはミキサーが一番

　一番手早く、かつ素材の栄養成分を十二分にジュースに生かせる方法。それは、ミキサーを用いることです。

　ジューサーは、液体と繊維を取り分けてくれるので飲んではおいしいのですが、体によい繊維を捨ててしまうことになります。捨てずにハンバーグなどのつなぎにしたらいいという考え方もありますが、毎日飲むことを考えたら現実的ではありません。ハンドミキサーは作れる量が限られます。スクイーザーとおろし金は、効率よく搾れません。小型ミキサーのミルサーは、1人分のジュースを作るのには適していますが、ミルサー本体を手で振りながらミキシングしないと均一なジュースがなかなか作れません。

　その点、ミキサーは適当な大きさに切った材料と、牛乳や豆乳などの水分を加えれば、あとは押すだけ。水分が少ないとミキシングできないこともありますが、初めのうちのみ断続的にミキシングするか、水分を少し足せばよく、何も支障ありません。そして、ミキサーがよいのは、素材の栄養をすべてジュースにして飲めることです。値段や機種も手ごろなものから各種そろっていますので、好みのものが選べるのもうれしい点です。

　なお、きな粉やココアなどの粉末状の材料や粉砕する必要のないものは、スプーンやフォークでかき混ぜて作ります。ミキサーを使う必要はありません。

1

一週間集中ドリンクで、
不調改善

体のどこかに不調があると、気持ちまで沈みがちになります。
治したいと思いつつも、なかなか踏ん切れません。
でも、ここは一番、症状に合ったジュースを
一週間飲み続けましょう。
きっと気分も晴れやかになります。

便秘解消

日本人女性の「2人に1人は便秘」といいます。一時的なものから習慣的なものまで、原因はさまざま。吐き気、頭痛、口臭なども招きます。水分、食物繊維、善玉菌を増やすことが肝心。改善すれば、代謝もよくなってニキビや肌荒れの悩みも解消です。

A アーモンド、にんじん、オリゴ糖

アーモンドに含まれる、腸内の有害物質の活動を抑制する食物繊維と、カルシウム、カリウムの豊富なにんじんで便を形にして、オリゴ糖がそれを軟らかくするようにはたらきます。

材料：1杯分　226kcal

にんじん —— 約1/3本（75g）　　アーモンド —— 23粒（25g）
オリゴ糖 —— 大さじ1　　　　　　水 —————— 100ml

作り方のポイント：
種皮に抗酸化作用のあるフラボノイドが
含まれるので、アーモンドは皮つきが効果大。

B おくら、キャベツ、豆乳、オリゴ糖

おくらのネバネバはムチンといい、消化器を保護する食物繊維のペクチンの一種。胃炎を改善するはたらきがある、ビタミンUが豊富なキャベツと組み合わせて、便秘を解消。

材料：1杯分　127kcal

おくら —— 5本（50g）
キャベツ —— 1枚（50g）
無調整豆乳 —— 100ml
オリゴ糖 —— 大さじ1

作り方のポイント：
おくらは粘り気が強いので、濃度はお好みで
調節しましょう。

デトックス

デトックスとは、毒素を排出すること。タバコや排気ガスなどが、吹き出もの、イライラ、むくみ、さらにはガンを引き起こすおそれも。食物繊維やミネラルをしっかりとり、有害物質を体から排出することがたいせつです。

A トマト、にんじん、バナナ

トマト、バナナ、にんじんで食物繊維のトリプル効果。抗酸化作用の高いリコピン、β-カロテン、ペクチン、カリウムもしっかりとれて、デトックス効果は万全。

材料：1杯分　82kcal
トマト ——— 1/2個（90g）
にんじん ——— 約1/7本（25g）
バナナ ——— 小1本（65g）

作り方のポイント：
バナナは、買いたてのもののほうが、皮にシュガースポットの出た熟したものよりも食物繊維が強い。

B ほうれん草、りんご、しその葉

ビフィズス菌を増やす作用のあるりんごのペクチンと、食物繊維やミネラルの豊富なほうれん草を、しその葉の殺菌成分の「ペリラアルデヒド」がバックアップ。

材料：1杯分　65kcal
ほうれん草 ——— 2〜3株（50g）
りんご ——— 1/2個（100g）
しその葉 ——— 2枚
水 ——— 50ml

作り方のポイント：
しその葉は、酸化してすぐに黒くなるので使う直前に小さくちぎって使います。

23

メタボ

メタボリックシンドローム（内臓脂肪症候群）、通称メタボ。ボーダーラインは男性85cm、女性90cmの腹囲のサイズ。メタボは、高血圧などの生活習慣病だけでなく、動脈硬化、心臓病や脳卒中を招きます。ゴーヤの苦みで肝機能を高め、大豆類で内臓脂肪を燃やし、緑黄色野菜で栄養のバランスをとりましょう。

A ゴーヤ、豆乳、オリゴ糖

ゴーヤ（にがうり）の苦みはモモルデシン。肝機能を高め、血糖値を下げ、胃液の分泌をうながすはたらきがあります。同じ効果のある豆乳は、飲みやすい調整タイプを使用。

材料:1杯分　141kcal
ゴーヤ ——— 1/2本（75g）
調整豆乳 —— 125ml
オリゴ糖 —— 大さじ1

作り方のポイント:
ゴーヤは緑の色が濃いほど、味がよい。

B パプリカ、海藻、オリゴ糖

赤のカプサンチン、黄色やオレンジのゼアキサンチン。パプリカのもつこれらの成分が、糖尿病や動脈硬化を予防します。コレステロールを除くアルギン酸をもつ海藻は、食物繊維も豊富。

材料:1杯分　67kcal
パプリカ ——————— 1/2個（50g）
海藻ミックス（乾燥）—— 3g
オリゴ糖 ——————— 大さじ1
水 ————————— 150ml

作り方のポイント:
海藻ミックスは水で戻さず、
そのままミキサーにかけます。

冷え

冷えの原因は、血液がドロドロになって栄養が行きわたらなくなる血行不良。肩こり、腰痛、生理不順などを引き起こします。運動不足などの普段の生活を見直すとともに、ミネラルやビタミン類をとって、血液をサラサラにしましょう。

A 小松菜、アボカド、オレンジ

塩分を調整するカリウムが豊富な小松菜に、血液サラサラ効果のある脂質のアボカド、抗酸化作用のあるビタミンCやリコピンが豊富なオレンジを組み合わせました。

材料：1杯分　129kcal

- 小松菜 ──── 1株（50g）
- オレンジ ──── 1/4個（50g）
- はちみつ ──── 大さじ1
- アボカド ──── 1/4個（25g）
- 水 ──── 75ml

作り方のポイント：
オレンジの房には動脈硬化を予防する
ビタミンPがあるので、房ごと使います。

B パプリカ、しょうが、牛乳

パプリカのカプサンチンとしょうがのショウガオールには、ともに血行をよくし、体を温める効果があります。

材料：1杯分　113kcal

- パプリカ ──── 1/2個（65g）
- しょうが ──── 1かけ（10g）
- 牛乳 ──── 135ml
- タバスコ ──── お好みで

作り方のポイント：
しょうがは皮ごと使うと、より効果的です。

29

下痢

下痢になると、固まらない便といっしょに水分が出てしまうので、まず水分の補給がたいせつ。その上で、便を形にする良質のたんぱく質をとり、かつ適度に軟らかくする食物繊維のペクチンや糖質がとれるように、野菜や果物を組み合わせましょう。

A りんご、ヨーグルト

整腸作用のあるビフィズス菌にしっかりはたらいてもらうために必要なのが、りんごの食物繊維ペクチン。ヨーグルトからは良質のたんぱく質もとれます。

材料：1杯分　85kcal
りんご ——— 1/2個（100g）
ヨーグルト —— 50ml
水 ————— 50ml

B キャベツ、バナナ

食物繊維やオリゴ糖を含み、消化のよいバナナと、胃腸を元気にするビタミンUなどを含むキャベツのジュース。下痢の状態がひどいときは、水の量を多くして濃度を薄くします。

材料：1杯分　64kcal
キャベツ ——— 1枚（50g）
バナナ ———— 小1本（60g）
水 ————— 90ml

むくみ

むくみは、体内に流れている水分がコントロールできなくなって、水分や老廃物がたまる症状。カリウムは、体内の余分な塩分や水分を体の外へ出し、血液の循環をよくしてくれます。肝臓病、腎臓病、更年期障害などが原因のむくみもあるので、注意してください。

A アボカド、パセリ、豆乳

アボカドとパセリは、ともにカリウムが豊富。加えてアボカドには血流をよくするビタミンE、パセリにはβ-カロテンやビタミンKなどの栄養価もたっぷり。豆乳でさらに効果的に。

材料:1杯分　210kcal

アボカド ── 1/3個（60g）
パセリ ── 1枝（5g）
調整豆乳 ── 150ml

作り方のポイント：
パセリは葉部のみを使い、
茎は煮込みなどの料理に使いましょう。

B 冬瓜、モロヘイヤ、オリゴ糖

冬瓜はカリウムが豊富で、腎臓の老廃物の排泄をうながし、むくみを除去。モロヘイヤもカリウムを多く含み、ムチンは肝機能をアップ。血流をよくするビタミンEもモロヘイヤから。

材料:1杯分　76kcal

冬瓜 ── ひと口大5切れ（150g）
モロヘイヤ ── 2枝（10g）
水 ── 40ml
オリゴ糖 ── 大さじ1

作り方のポイント：
冬瓜は種と皮を取ってからざく切りに、
モロヘイヤは葉のみを使用します。

肩こり

肩こりは、体内の血行不良と筋肉の緊張により起こります。原因は、枕が合わない、肥満、便秘、生理不順など、実にさまざま。血行をよくするにはビタミンE、筋肉の緊張をほぐすにはビタミンB1、B6、B12をとるのが一番。緑黄色野菜をとるようにしましょう。

A ほうれん草、豆乳、酢

ビタミン類たっぷりのほうれん草をビタミンEの多い調整豆乳に。血液を弱アルカリ性に保つ酢を加えて疲労を除去。

材料：1杯分　83kcal
ほうれん草 ── 2〜3株（50g）
調整豆乳 ── 150ml
酢 ──────── 大さじ1

作り方のポイント：
酢の代わりにレモンの搾り汁を使っても同じ効果が得られます。

B ほうれん草、アーモンド、レーズン、牛乳

ビタミンEの含有率が飛びぬけて高いアーモンド、ビタミンEとビタミンB群の豊富なほうれん草、干してミネラルを増したレーズンを牛乳で攪拌しました。

材料：1杯分　279kcal
ほうれん草 ── 2〜3株（50g）
アーモンド ── 23粒（25g）
レーズン ──── 15g
牛乳 ─────── 110ml

作り方のポイント：
レーズンは少し刻んでからミキサーにかけると、早く細かくできます。

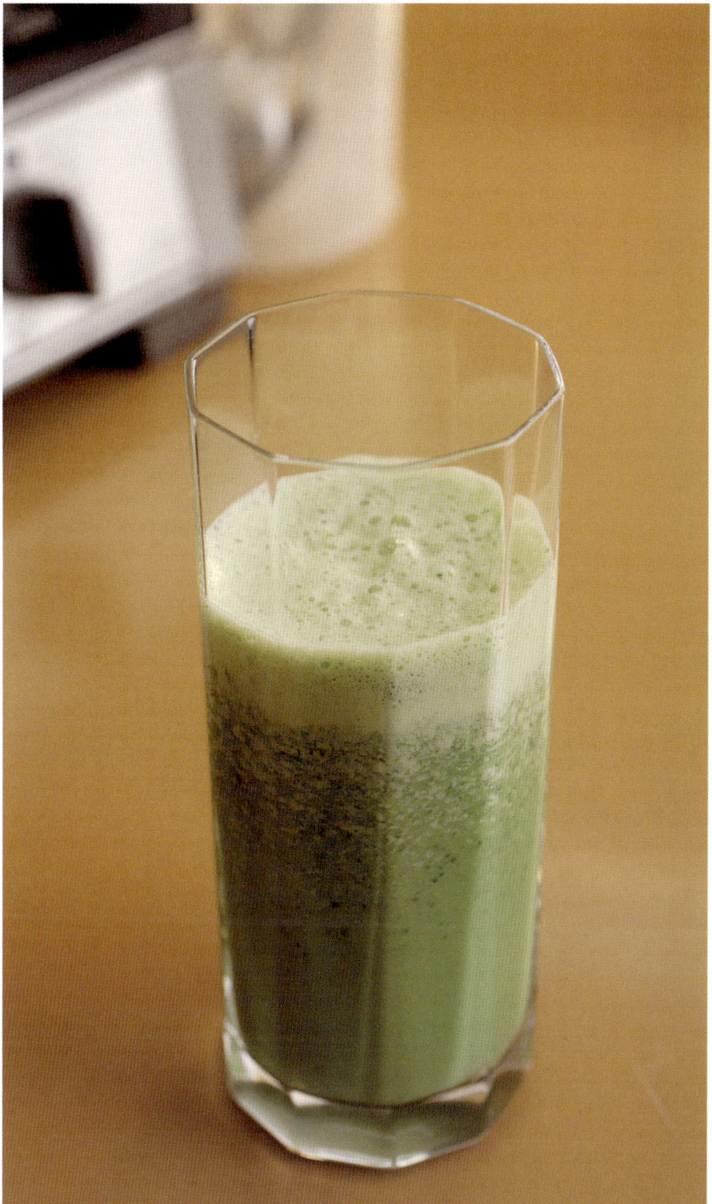

免疫力アップ

人体には、ばい菌やウイルスなどから細胞を守る免疫力が備わっています。免疫力が弱いと、病気になったり、元気が出なかったり。免疫力をアップさせる栄養素を、野菜や果物からきちんととることがたいせつです。

A にんじん、しょうが、バナナ

バナナの抗酸化作用のポリフェノールと免疫細胞を強化するナイアシン、しょうがのショウガオール、にんじんのビタミンB群を組み合わせて免疫力アップ。

材料：1杯分　66 kcal

にんじん ──── 1/6本（30g）
しょうが ──── 1かけ（10g）
バナナ ───── 小1本（60g）
水 ─────── 100ml

作り方のポイント：
バナナのシュガースポットは、抗酸化作用がより強くなった目印です。

B トマト、ヨーグルト、はちみつ

免疫力アップのビタミンB群やリコピンが豊富なトマトを、腸内環境を整えて善玉菌を増やすヨーグルトに入れ、ミネラル豊富なはちみつで甘みづけ。

材料：1杯分　122 kcal

トマト ───── 3/4個（150g）
ヨーグルト ── 50g
はちみつ ──── 大さじ1

作り方のポイント：
はちみつはオリゴ糖に替えても、同様の効果を得られます。

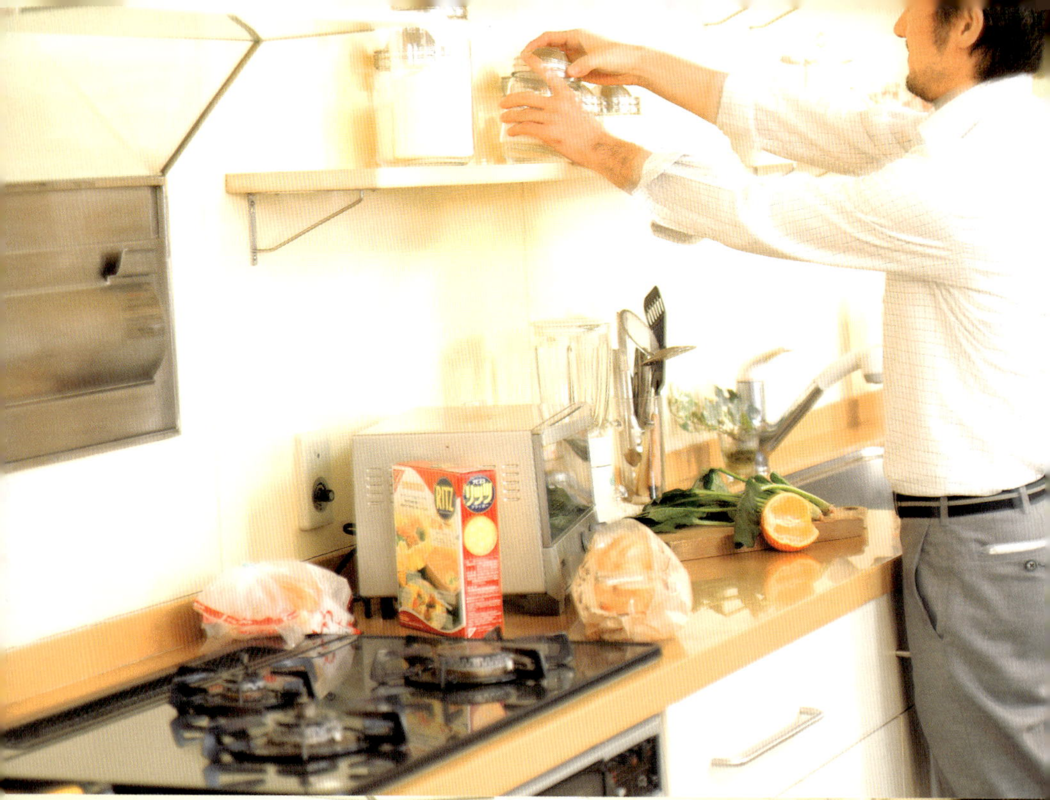
RITZ
リッツ

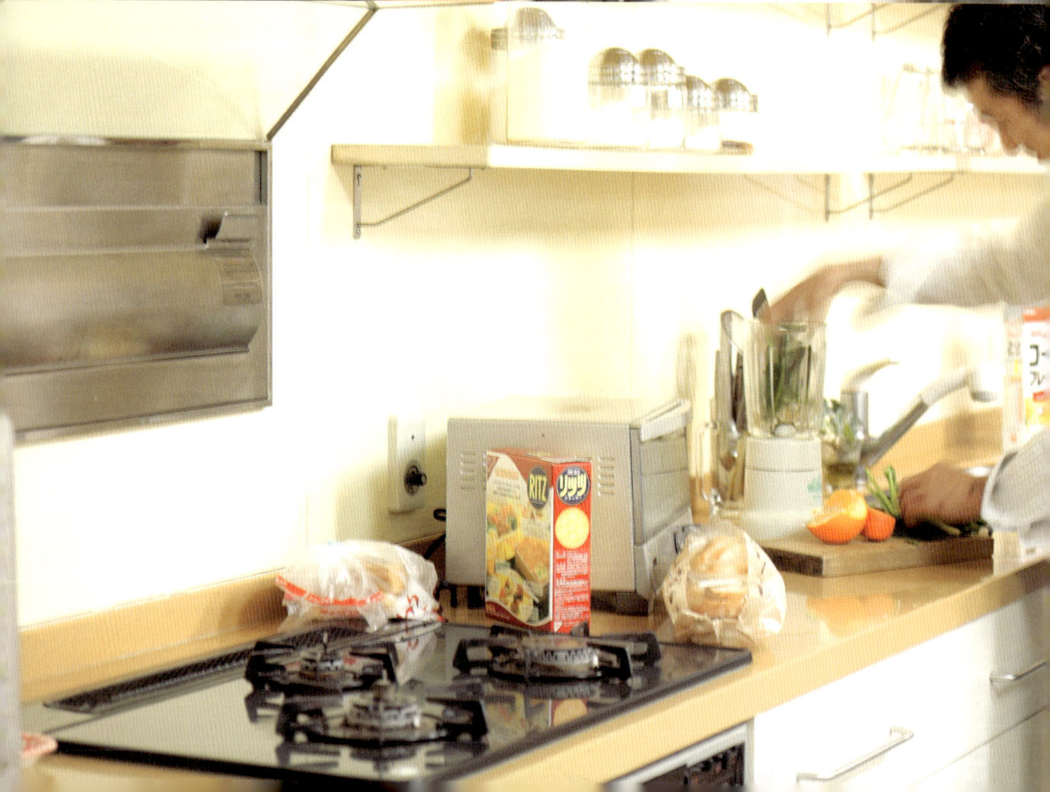
RITZ
リッツ

41

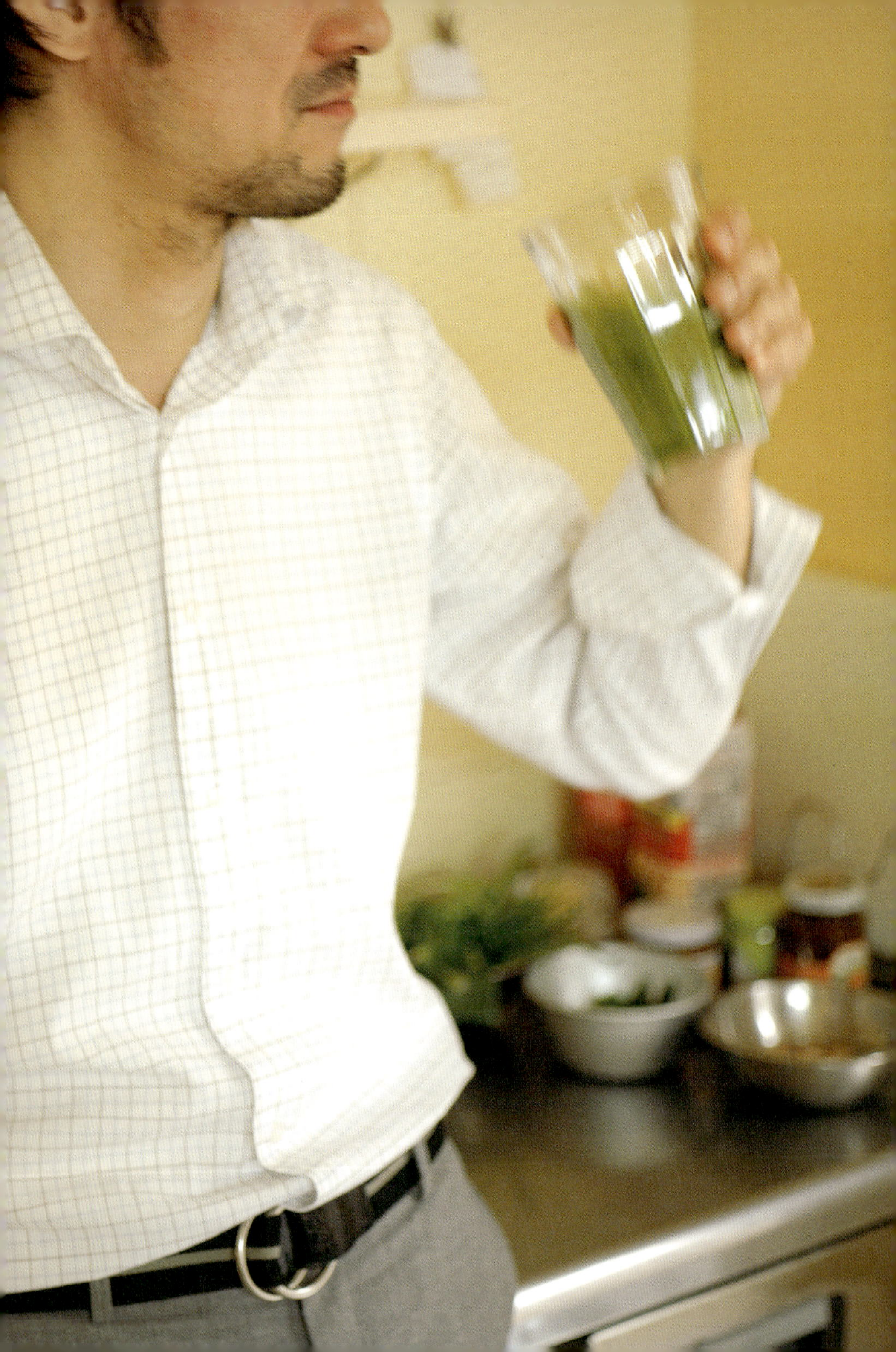

風邪予防

風邪にかからないようにするには、普段から免疫力をつけておくことがたいせつ。良質のたんぱく質、β−カロテン、ビタミンCをしっかりととることが予防につながります。

A ほうれん草、にんじん、オレンジ

緑黄色野菜のほうれん草とにんじんは、ともに抗酸化作用のあるβ−カロテン、ビタミン類が豊富。オレンジを加え、さらにビタミンCの量をアップ。

材料:1杯分　41kcal

ほうれん草 —— 2〜3株(50g)
にんじん —— 1/6本(30g)
オレンジ —— 1/4個(50g)
水 —————— 70ml

作り方のポイント:
オレンジと水の配合を加減して、お好みの味を作ってください。

B キャベツ、アボカド、牛乳

アボカドに含まれるビタミンEの吸収を、キャベツのビタミンCでアップ。キャベツのビタミンUが粘膜の修復を手助け。牛乳からはたんぱく質をしっかりとります。

材料:1杯分　132kcal

キャベツ —— 2枚弱(80g)
アボカド —— 1/4個
牛乳 ———— 100ml

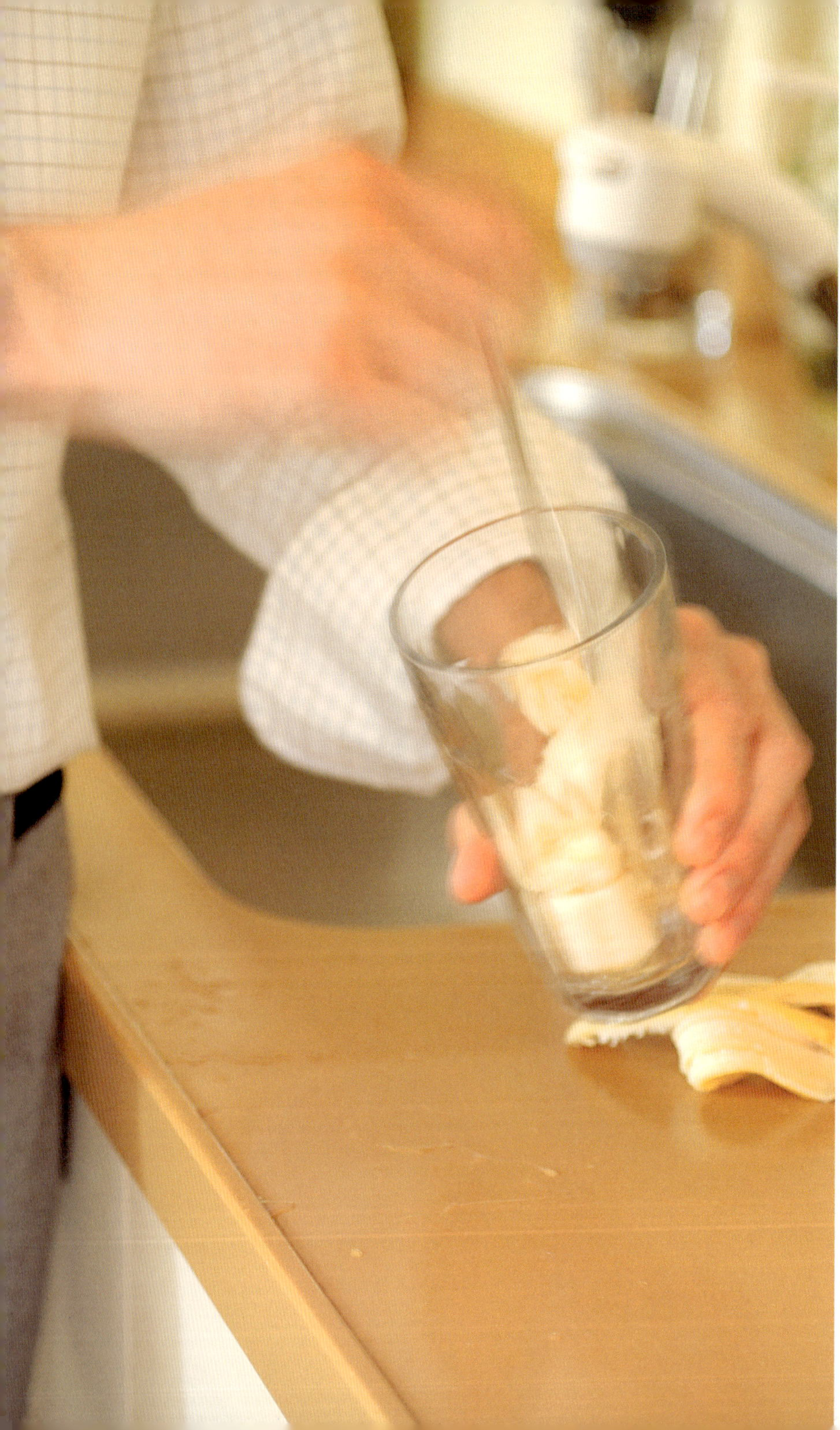

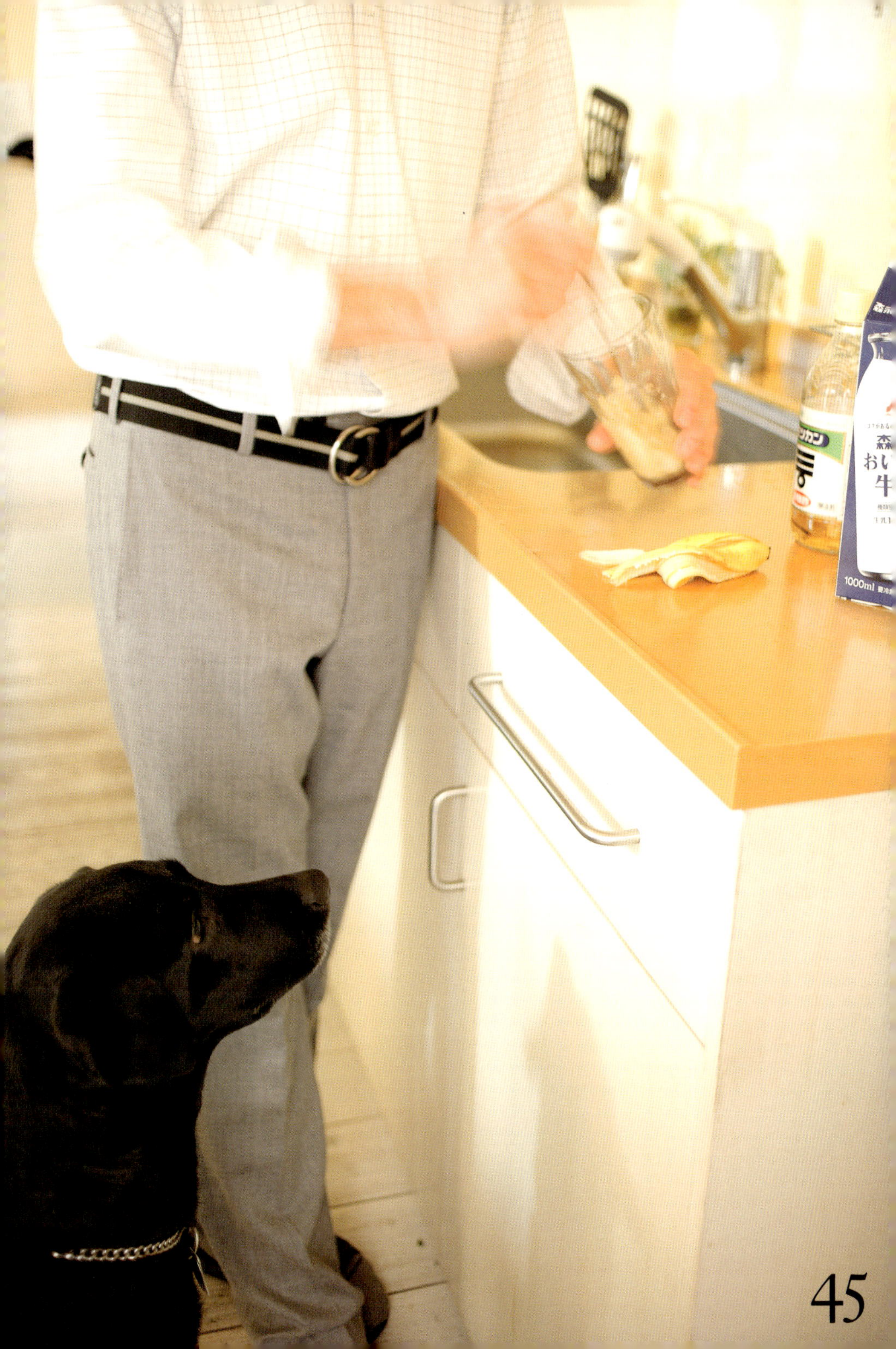
1000ml

疲労回復

体を元気に保つには、ビタミンが不可欠。特に、エネルギーを生み出し、神経機能が正常にはたらくように作用するのが、ビタミン B_1 をはじめ、B_2、B_6、B_{12} などビタミン B 群。C、E もとって疲労から回復しましょう。

A きな粉、豆乳、はちみつ

きな粉も豆乳も、植物性たんぱく質をはじめ、疲労回復に欠かせないビタミン E、B_1、B_2、B_6 などが豊富。きな粉の香ばしさとミネラルの多いはちみつの甘みでおいしい味に。

材料：1 杯分　224 kcal
きな粉 ——— 大さじ 2
無調整豆乳 — 200 ml
はちみつ ——— お好みで（大さじ 1）

作り方のポイント：
ミキサーは使わず、スプーンでかき混ぜます。

B バナナ、牛乳、酢

ビタミン B 群や C などの栄養バランスがよく、疲労回復に有効な甘みのあるバナナと、カルシウム、ビタミン A、B_2 が豊富な牛乳。そして、疲労回復効果の酢をワンスプーン。

材料：1 杯分　140 kcal
バナナ ——— 小 1 本（65 g）
牛乳 ——— 120 ml
酢 ——— 大さじ 1

作り方のポイント：
酢は、お好みの量を加減してください。

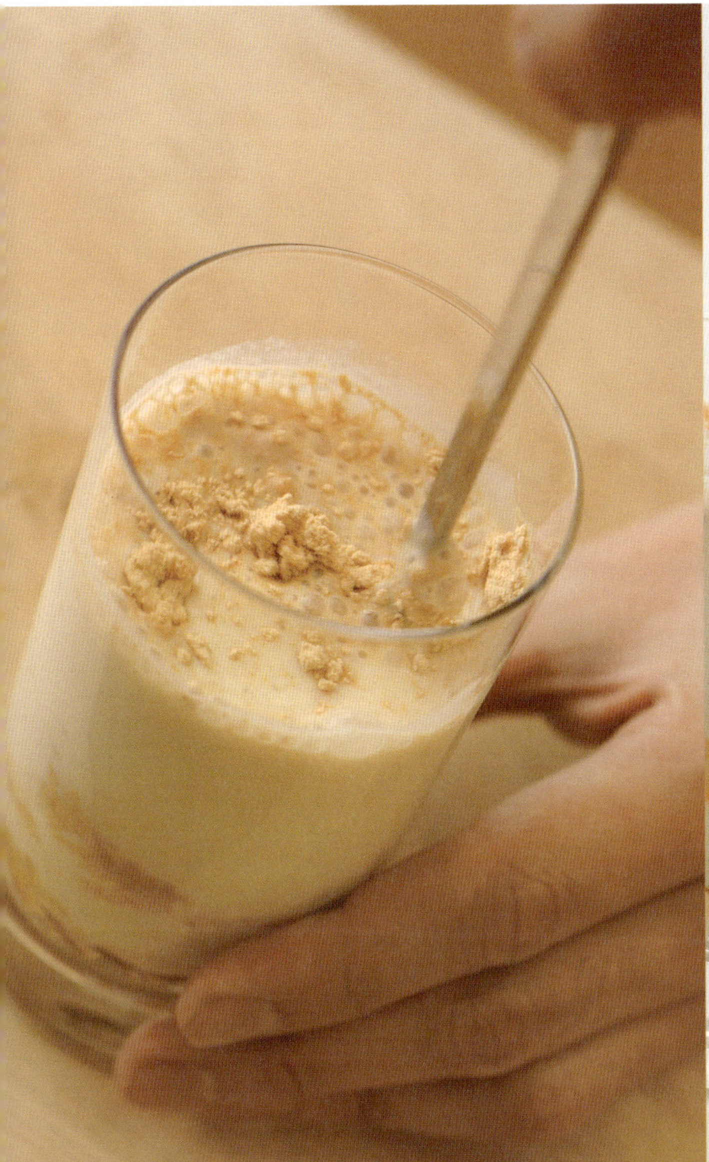
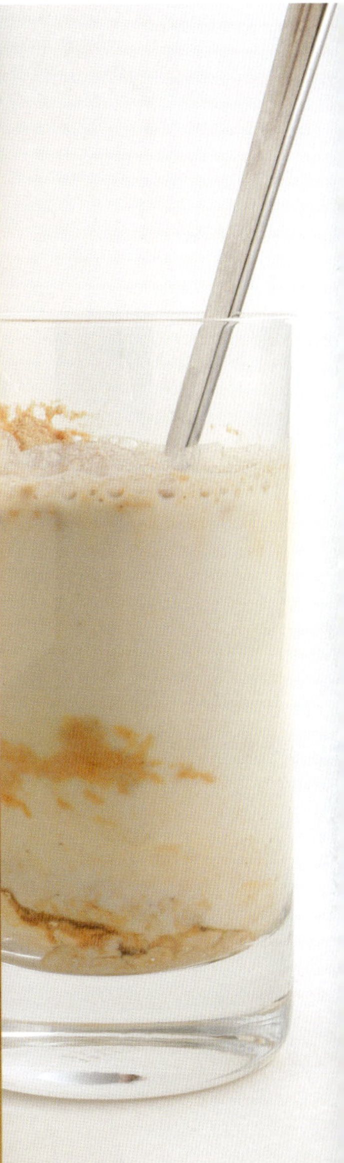

ストレス解消

ストレスがかかると、B$_1$、B$_6$、B$_{12}$などのビタミンB群とCが大量に消費されます。その結果、肌荒れや風邪ひきに。解消法は、ビタミン類、カルシウム、マグネシウムなどをとること。単にイライラしているときは、甘い物を食べて血糖値を上げると落ち着きます。

A グレープフルーツ、ココア、牛乳

ビタミン類が豊富でさわやかな風味のグレープフルーツに、ストレスに対して抵抗力の強いカカオのポリフェノール、カルシウムの豊富な牛乳と砂糖の甘みを加えました。

材料:1杯分　156kcal

グレープフルーツ ── 約1/3個（100g、房から取り出す）
ココア ──────── 大さじ1
牛乳 ───────── 100ml
砂糖 ───────── お好みで（大さじ1）

作り方のポイント：
グレープフルーツは果肉のみを使い、
スプーンでつぶして混ぜます。

B トマト、セロリ、はちみつ

トマトとセロリを組み合わせて、ストレス解消に効果のあるビタミンB群、C、カルシウムなどを増幅。セロリの香り成分とはちみつの甘みでイライラも解消できます。

材料:1杯分　89kcal

トマト ──── 1/2個（100g）
セロリ ──── 1/3本（50g）
はちみつ ── 大さじ1
水 ────── 50ml

ダイエット

肥満は男女を問わず、悩みのひとつ。外食が続いたり、栄養が偏ると、どうしても肥満になりがち。さらに進むとメタボ（内臓脂肪症候群）になってしまいます。その前に、低カロリーのジュースでダイエットの実現を。

A りんご、わかめ、オリゴ糖

低カロリーかつ栄養バランスのいいりんごとわかめの組み合わせ。甘みをつけるなら、大腸の善玉菌の養分になるオリゴ糖で。

材料:1杯分　104kcal
りんご ─────── 1/2個（100g）
わかめ（乾燥）── 2g
オリゴ糖 ────── 大さじ1
水 ───────── 100ml

作り方のポイント:
乾燥わかめは、そのままミキサーにかけられます。

B チンゲンサイ、グレープフルーツ

β-カロテン、ビタミンC、E、ミネラル類が豊富なチンゲンサイとグレープフルーツの組み合わせ。グレープフルーツの苦み成分のナリンギンには、抗ガン作用があります。

材料:1杯分　47kcal
チンゲンサイ ───── 1株（100g）
グレープフルーツ ── 約1/3個（100g）

作り方のポイント:
グレープフルーツは、房のまま使います。

51

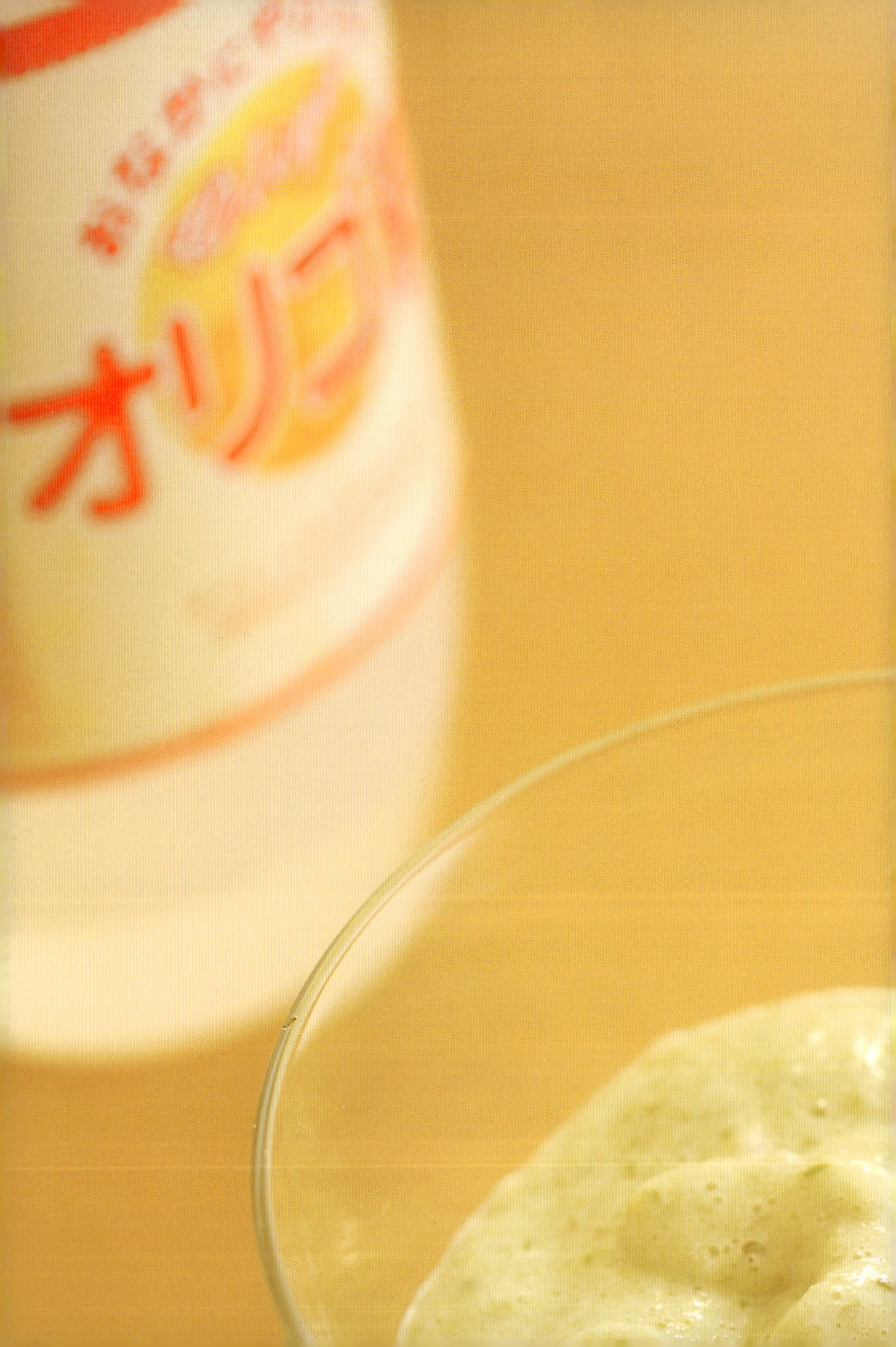

Column

オリゴ糖とはちみつ

甘味料のオリゴ糖とはちみつについて説明しましょう。まず、カロリーについて。食品成分表では100gあたりのカロリーが上白糖384 kcal、はちみつ294 kcal、オリゴ糖約230 kcalです。単純に比較しがちですが、実際に使うときには、スプーンで計量することが多く、大さじ1杯で換算すると砂糖9 g/35 kcal、はちみつ21 g/62 kcal、オリゴ糖21 g/48 kcal。

つまり、はちみつは砂糖よりもカロリーが高くなります。しかし、はちみつにはミネラルやビタミン群など、たくさんの種類の栄養成分が含まれています。ですから、使うときには、そのときの事情に合わせて使うようにするとよいでしょう。

オリゴ糖

オリゴ糖は、ショ糖、大豆、とうもろこしなどを原料にしていて、それぞれに乳果オリゴ糖、大豆オリゴ糖、イソマルトオリゴ糖というように分類されています。製法も、酵素変換、加水分解、再結晶などいろいろあり、甘み、カロリー、消化性、整腸作用などにも差があります。

一般に、大腸に入るとビフィズス菌の栄養となって善玉菌を増やし、悪玉菌を排出して整腸に有効にはたらくことが、特徴であるといわれています。

そのほか、①便秘・下痢の改善、②便の悪臭を抑制、③コレステロール・胆汁酸の排出、④大腸ガンの予防、⑤ミネラルの吸収を促す、⑥虫歯の予防、⑦血糖値を上げない作用、⑧免疫力のアップなどが挙げられます。

ただし、オリゴ糖の作用には個人差があり、便がゆるくなる場合もあるので注意しましょう。

はちみつ

はちみつは、多糖類の花みつをミツバチが集め、体内で分解した単糖類です。花みつの種類により、色、香り、濃度、甘みなどに違いがあり、甘みの平均的な割合は、ブドウ糖35%、果糖40%です。甘みが強いのはラベンダーで、固まりにくいのはレンゲやトチです。一般的に、色が薄いほどマイルドな味、濃いものほど個性的な味で、香りも強くなります。濃い色のものほど栄養価が高いといわれています。

糖類以外の栄養成分として、鉄、ナトリウム、カリウムなどのミネラル類、ビタミン B_1、B_2、パントテン酸、ファイトケミカルのポリフェノール、パチロンなどが含まれています。微量ではありますが、その種類と数はとても多いのです。殺菌、消炎、造血などの作用があり、保湿効果に優れていて美肌も期待できます。

白く固まるのは、ブドウ糖が結晶化したもので、劣化ではありません。湯せんで温めると、元に戻ります。

しわ予防

しわは、顔の皮膚を作っているコラーゲン、エラスチン、ヒアルロン酸などが減ってたるみができ、その次に起こる老化現象。抗酸化物質を含むビタミンC、ミネラル、女性ホルモンと似たはたらきのイソフラボンなどを補い、早めの予防がたいせつ。肌の血行をよくするポリフェノールにも予防効果があります。

A ピーマン、グレープフルーツ、牛乳

ピーマンとグレープフルーツで、皮膚や粘膜を強くするβ-カロテンやビタミンCをたっぷり補給。肌荒れに効果的な牛乳と合わせます。

材料:1杯分　83kcal
ピーマン ──────── 2個(50g)
グレープフルーツ ── 約1/3個(100g)
牛乳 ─────────── 50ml

B きゅうり、メロン、豆乳

水分が90％以上で利尿作用があるウリ科のきゅうりとメロン。塩分を調整するカリウムも豊富な2つで、美肌を作ってしわを予防。

材料:1杯分　79kcal
きゅうり ──── 1本(100g)
メロン ────── 約1/8個(100g)
無調整豆乳 ── 50ml

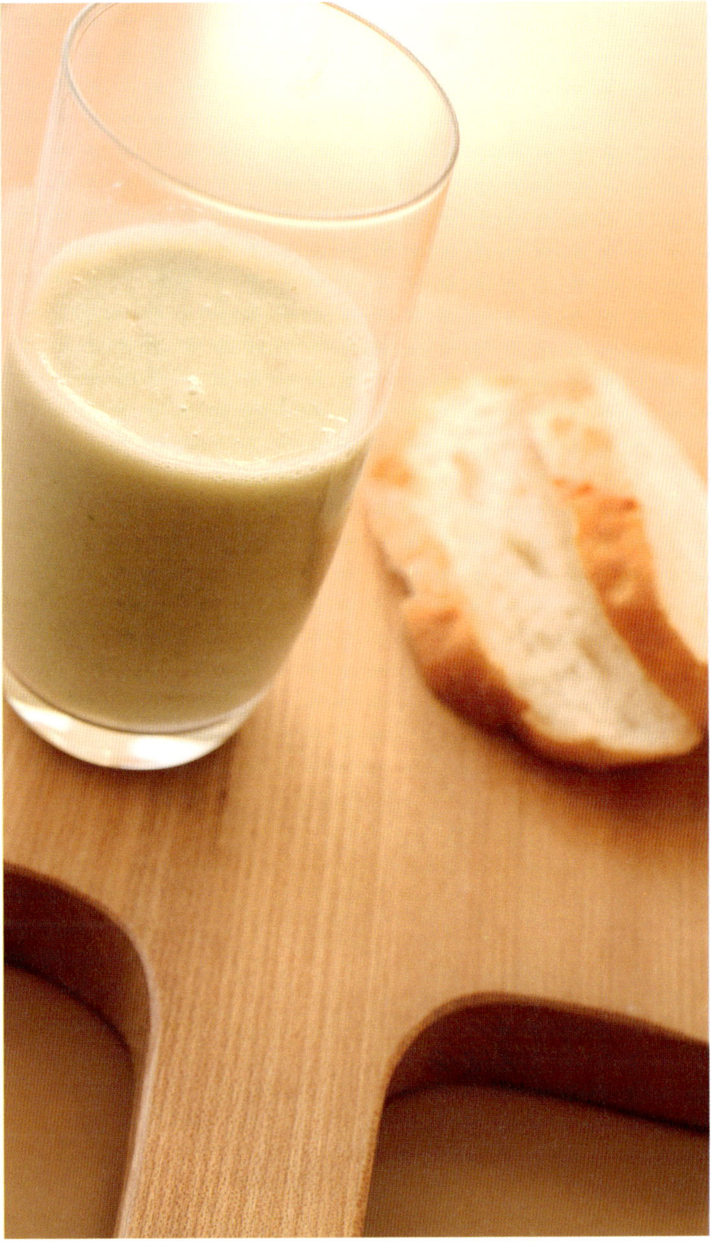

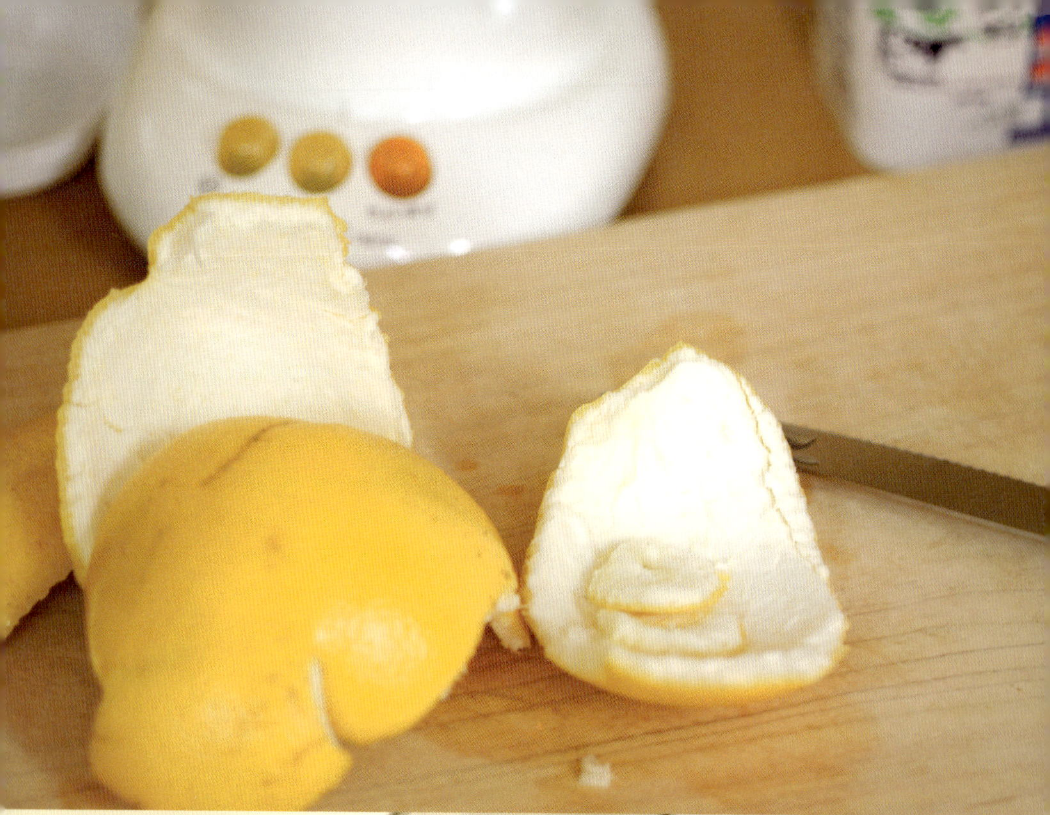

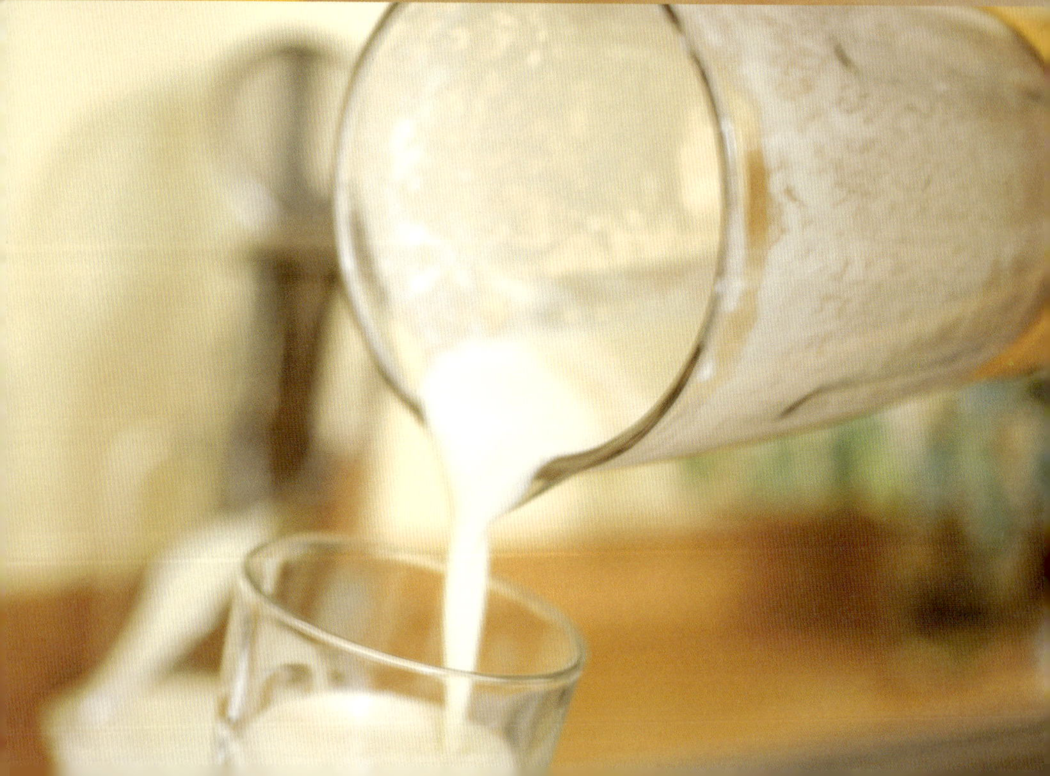

シミ予防

シミは、紫外線などによって皮脂が変化し、角質と結びついて肌の表面に現れたもの。抗酸化作用のあるビタミンCには、紫外線でできた黒いメラニンの色をなくしたり、美肌を保つコラーゲンの生成を助ける効果があります。ビタミンCは体に蓄積できないので、常にとるようにしましょう。

A グレープフルーツ、ヨーグルト

ビタミンCが豊富なグレープフルーツとビタミンの生成作用があるビフィズス菌を組み合わせました。酸味が強かったら、はちみつやオリゴ糖で甘みをつけても大丈夫。

材料:1杯分　100kcal
グレープフルーツ ──── 約1/3個（100g）
ヨーグルト ──────── 100ml

B ブロッコリー、キウイ、豆乳

β-カロテンとビタミンCが豊富なブロッコリーに、ビタミンCが豊富なキウイを加え、より確実な効果を求めました。

材料:1杯分　157kcal
ブロッコリー ────── 5〜6房（50g）
キウイ ────────── 1個（100g）
無調整豆乳 ─────── 100ml
ジャム ────────── お好みで（大さじ1）

作り方のポイント：
豆乳は1/5ほどを取りおき、
できたジュースの上から加え、混ぜながら飲みます。

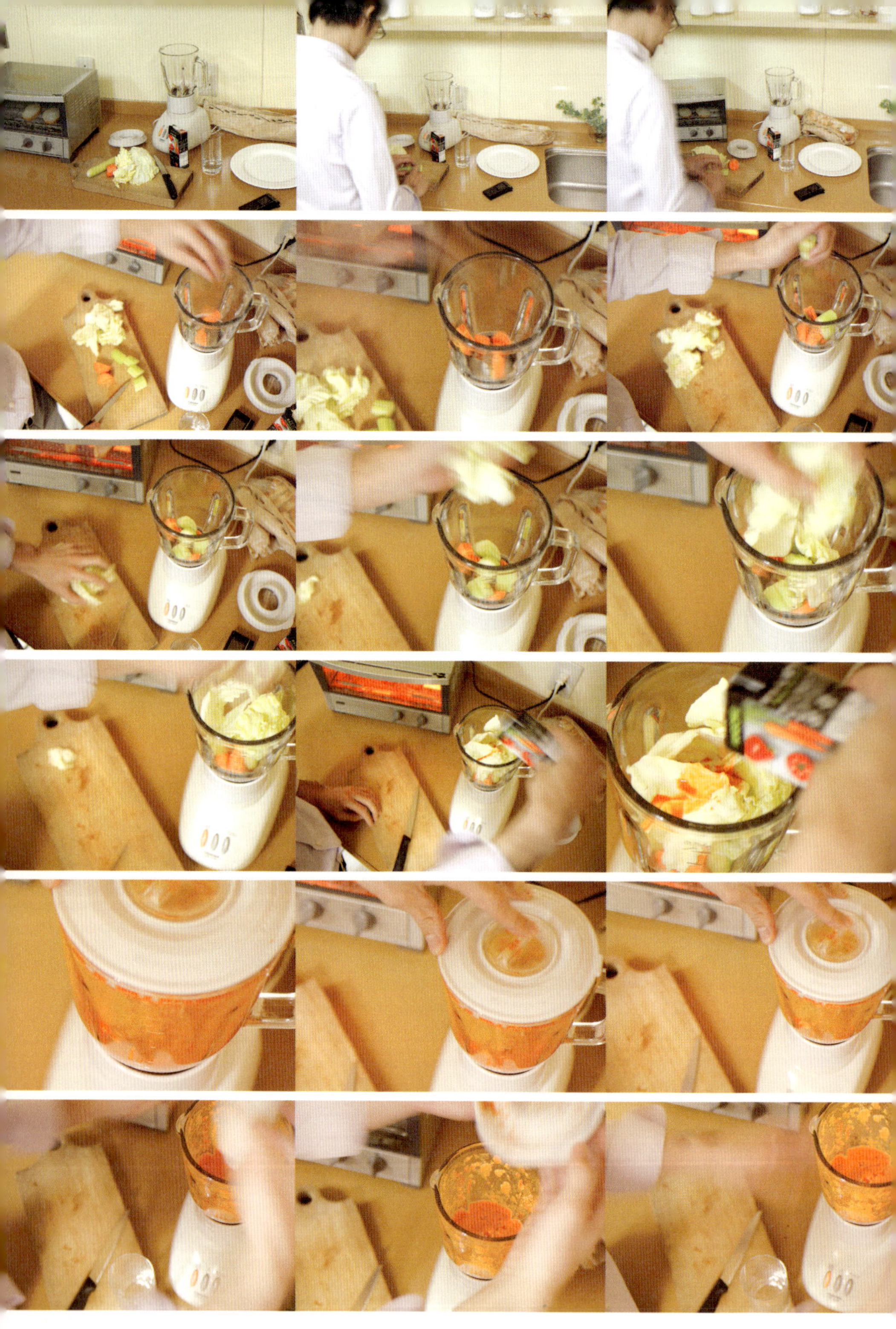

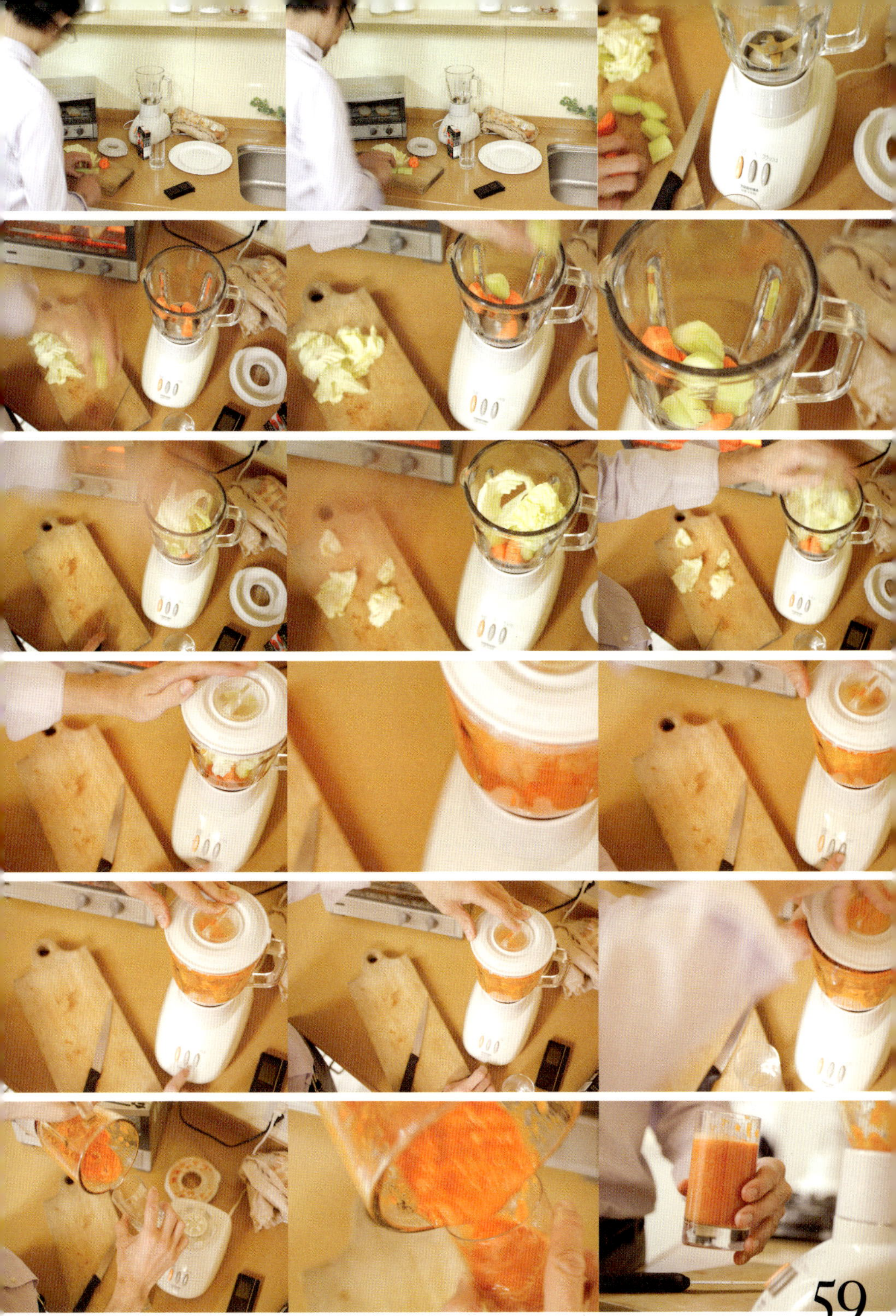

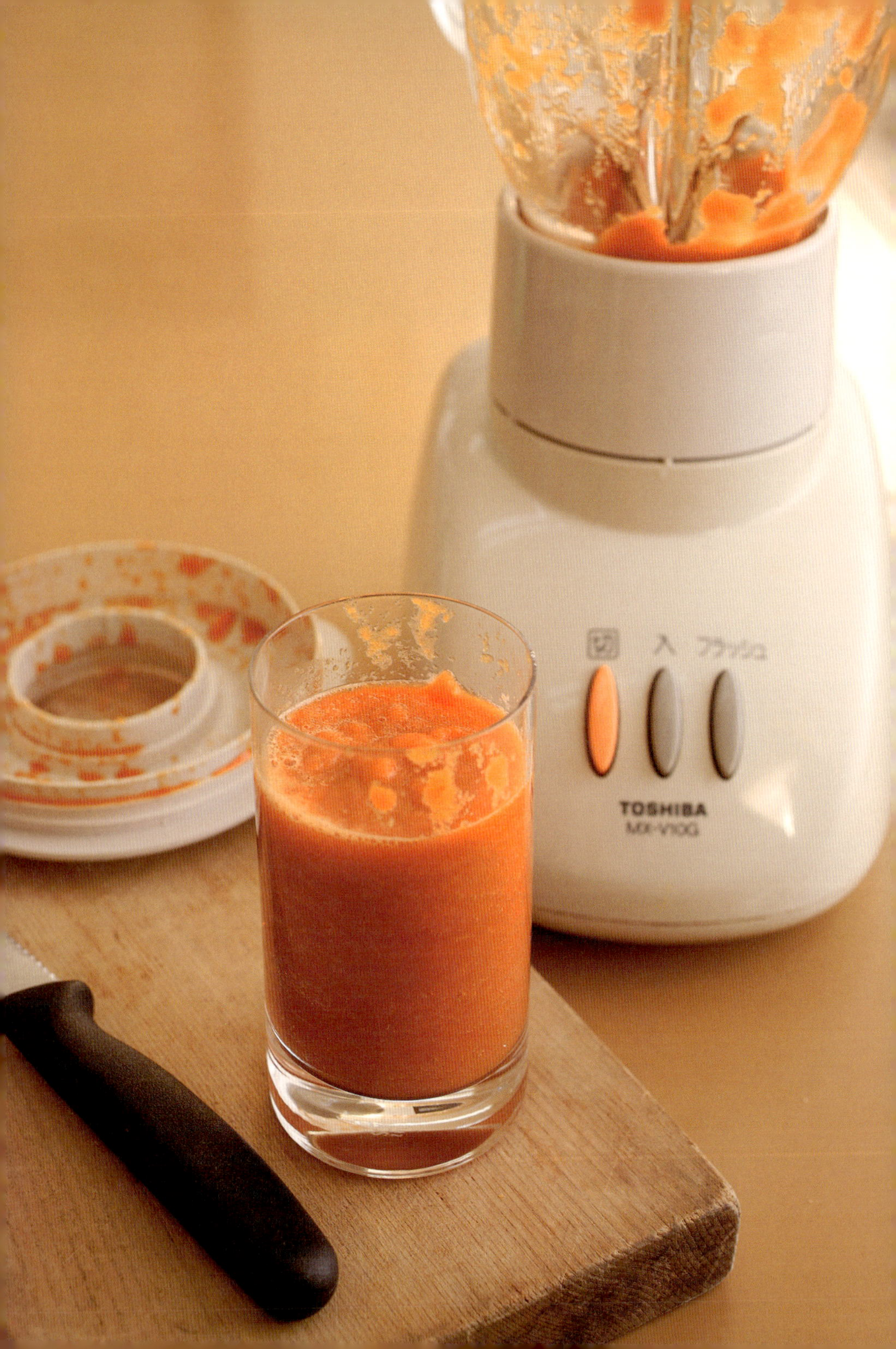
入
フラッシュ
TOSHIBA
MX-V10G

一日の野菜補給に

外食主体の食事の場合、どうしても肉や揚げ物などが多くなり、野菜不足になりがち。市販のジュースでもいいのですが、鮮度のよい野菜のジュースのほうが確実にビタミンやミネラルを補給できます。市販のジュースをベースに、好みの野菜や果物を加えて作ってはいかが。

A にんじん、セロリ、キャベツ、野菜ジュース

市販のジュースに新鮮な緑黄色野菜を組み合わせると、味も栄養バランスもぐんとアップ。

材料:1杯分　60kcal
- にんじん ──── 厚さ1cmの輪切り1枚（20g）
- セロリ ──── 1/3本（50g）
- キャベツ ──── 葉1/2枚強（30g）
- 野菜ジュース ── 100ml

B トマト、ほうれん草、パプリカ

緑黄色野菜3種類を使ったジュース。毎日飲めば、これだけで野菜不足をしっかりとフォローできます。

材料:1杯分　85kcal
- トマト ──── 1/2個（100g）
- ほうれん草 ── 2〜3株（50g）
- パプリカ ──── 1/3個強（50g）
- ジャム ──── 大さじ1

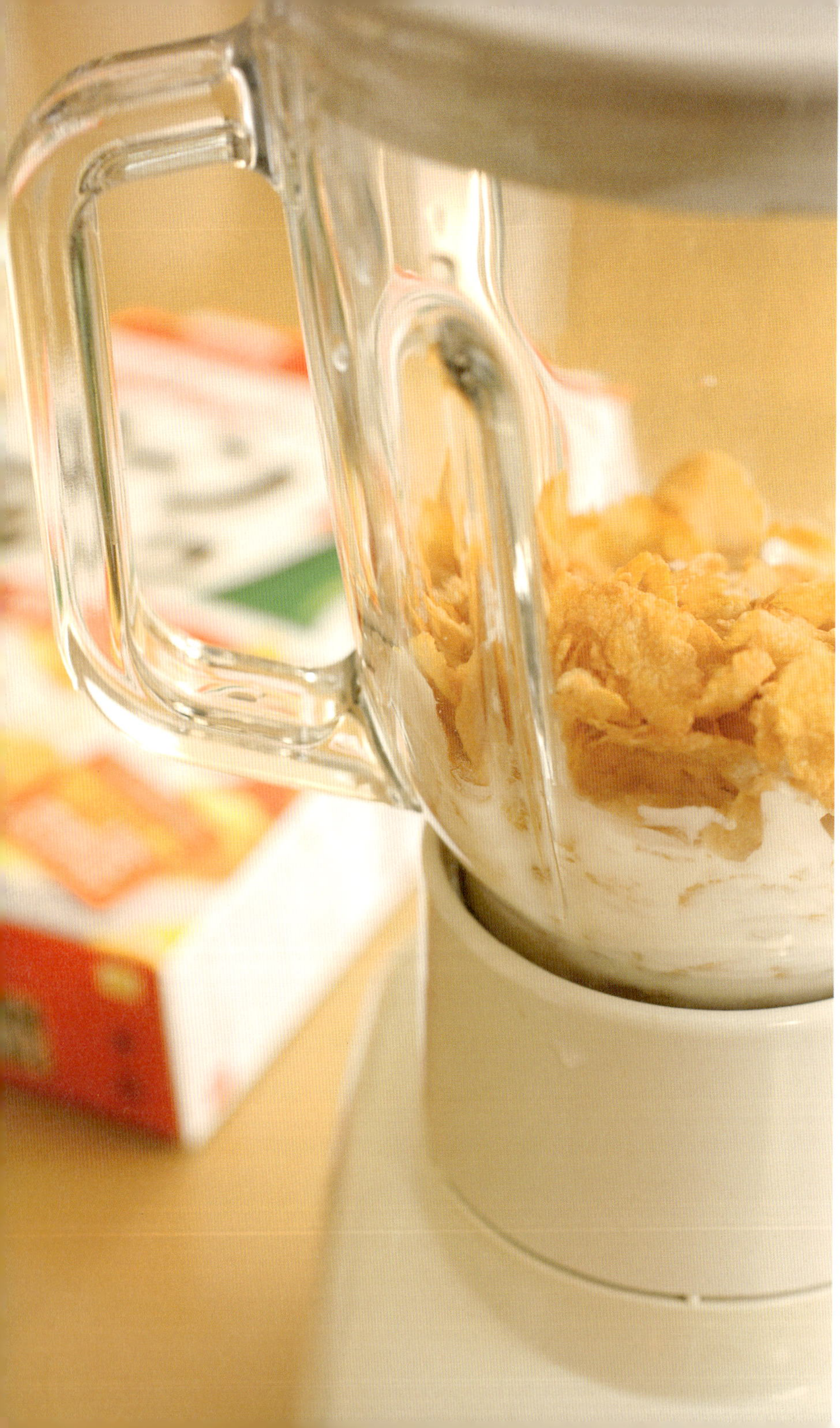

63

朝ごはん代わりに

とかくあわただしい朝の時間。朝ごはんを抜いてしまう人も多いとか。これでは、その日一日元気がでません。ごはんの代わりに、腹もちのよいジュースはいかがでしょう。大人はもちろん、育ち盛りのお子さんも、喜んで飲むことうけ合いです。スプーンで混ぜながら、飲んでください。

A ヨーグルト、シリアル

普段食べているヨーグルトとシリアル。少し発想を変えて、ジュースにしてはいかがでしょう。普段と食感が異なり、新鮮です。

材料:1杯分　190kcal
- ヨーグルト ——— 70g
- シリアル(無糖) —— 30g
- 水 ——— 100g
- 砂糖 ——— お好みで(大さじ1)

B バナナ、ココア、豆乳

おやつにもできるバナナをベースにしたおいしいジュース。栄養バランスも腹もちもいいので、朝食に最適です。

材料:1杯分　175kcal
- バナナ ——— 小1本(65g)
- ココア ——— 大さじ2
- 無調整豆乳 —— 120ml
- はちみつ ——— 小さじ1/2

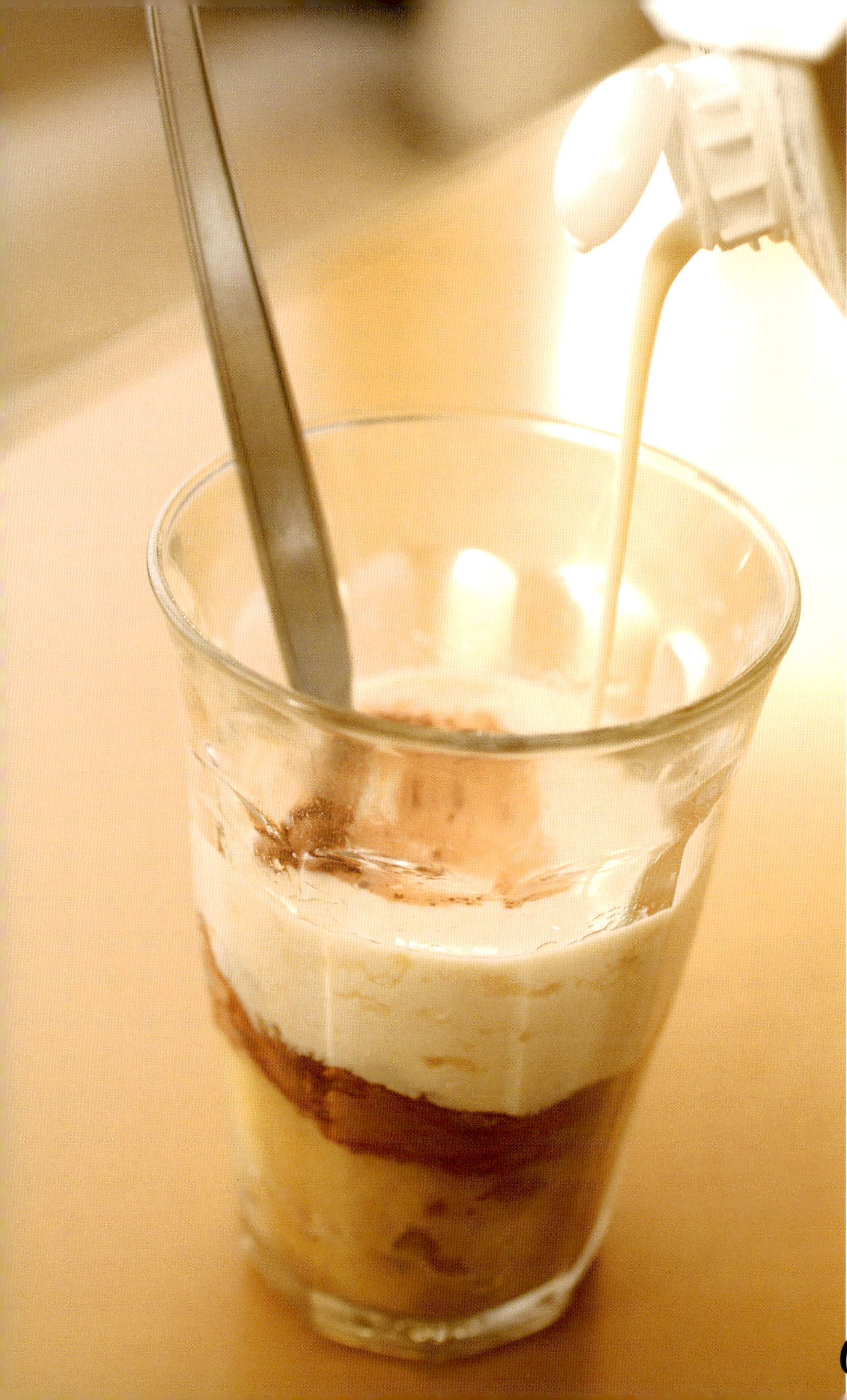

栄養バランス

すべての食事を自炊すれば、栄養バランスのとれた食事ができますが、昼は外食、夜も不規則となると、完全にコントロールするには無理があります。一日の食事のうちのどこかにジュースを取り入れ、栄養のバランスを修正してはいかがでしょう。

A ほうれん草、牛乳、オリゴ糖

緑黄色野菜の優等生のほうれん草、良質たんぱく質の牛乳、大腸の善玉菌を増やすオリゴ糖で、栄養を確実にキープ。

材料：1杯分　159kcal
ほうれん草 ——— 2～3株（50g）
牛乳 ——— 150ml
オリゴ糖 ——— 大さじ1

B 小松菜、水菜、豆乳

2種類の葉菜と豆乳のジュース。葉菜の仲間同士といっても、それぞれに成分が異なるため、栄養素を幅広く吸収できます。

材料：1杯分　83kcal
小松菜 ——— 1株（50g）
水菜 ——— 2と1/2株（50g）
調整豆乳 ——— 100ml

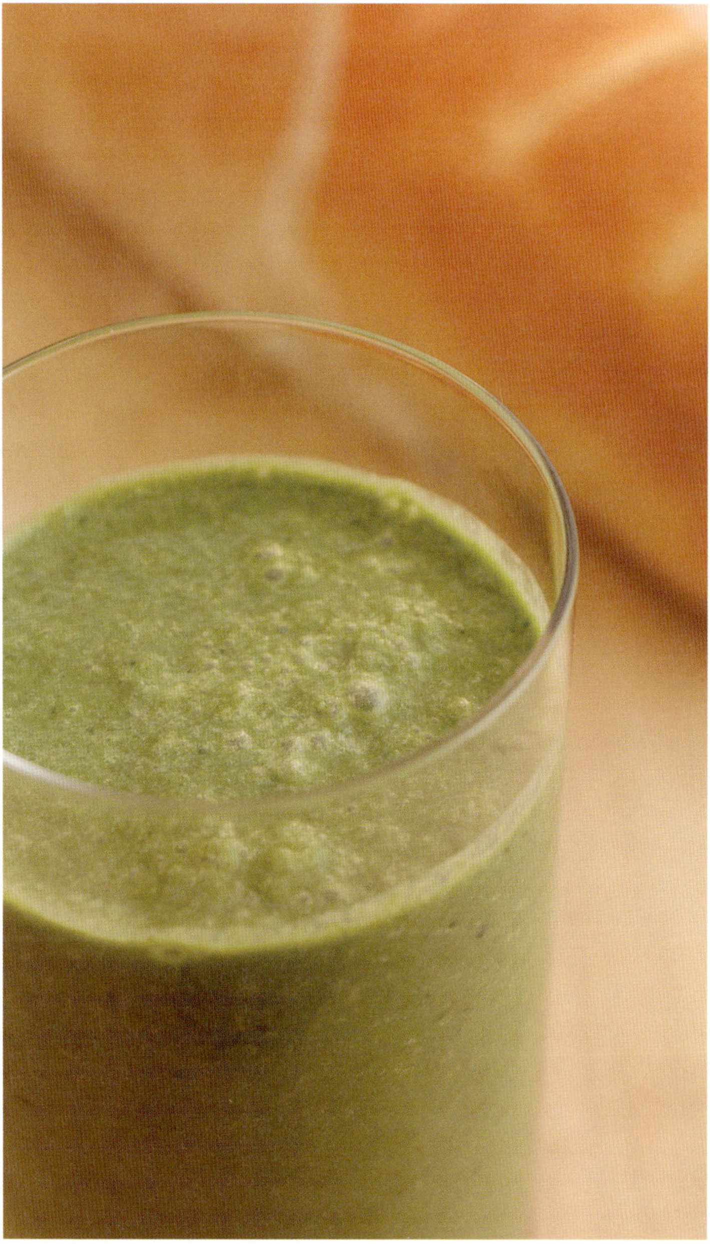

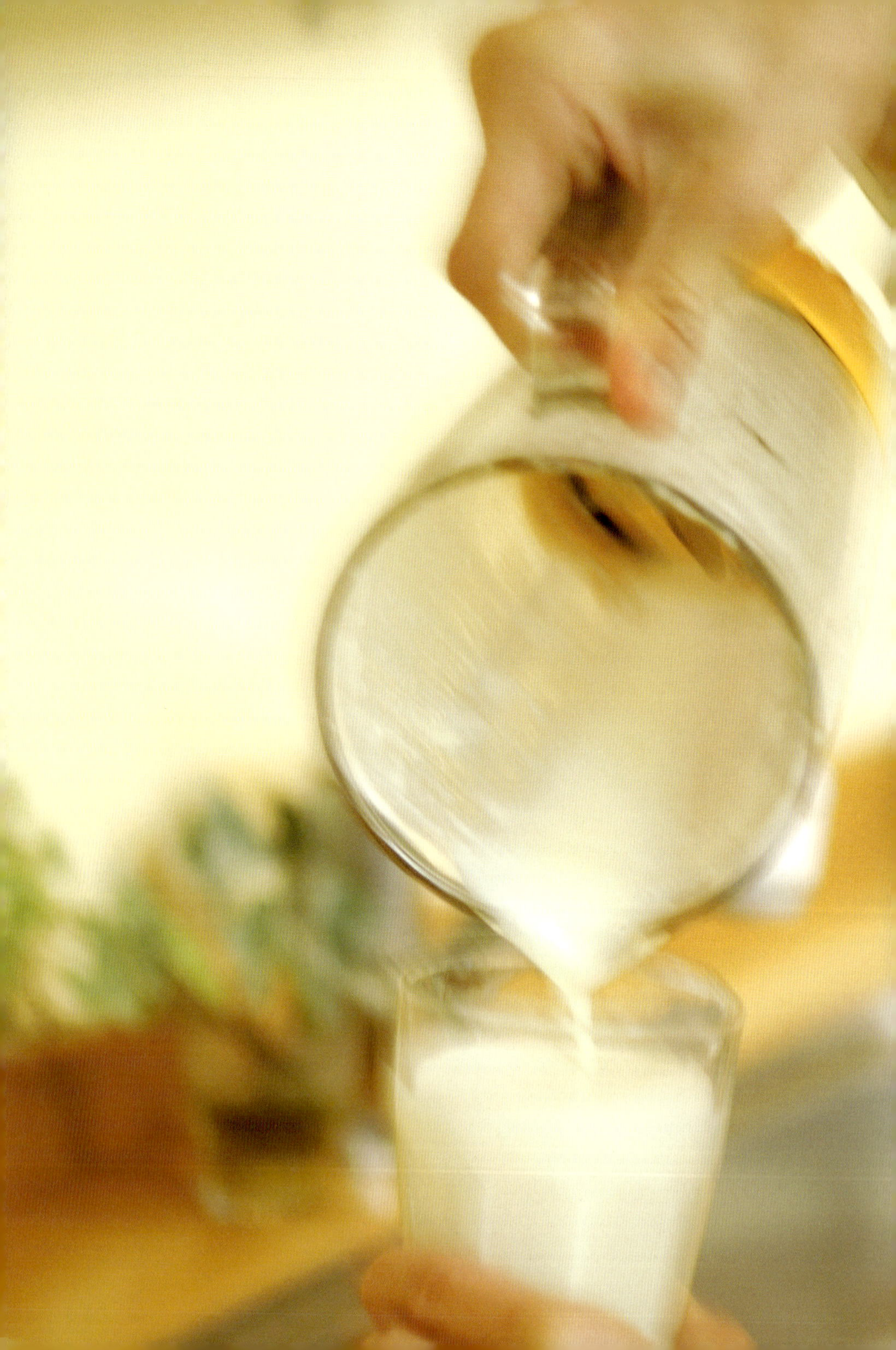

2

今日の悩みに、即効の一杯

前日の不節制は、とかく翌日まで尾を引きがち。
スキッとさわやかに、気分を一新したいもの。
朝のとっておきの一杯が、今日一日の行動を
ビシッと決めてくれます。

寝起きにすっきり 朝の一杯

最近、ビジネスホテルの朝食が、洋食と和食を選べたり、食後のカットフルーツまでついていたりしてすごく充実しています。ついつい食べすぎてしまうこともあります。普段、家では朝はあまり食が進まないくせに…。それとも、環境が違うと、食欲がわくものなのでしょうか。

そんなホテルで食べた朝食の中で、僕がとてもうれしく思ったのは、果物の搾りたてのジュースが出てきたときでした。目の前でサービスしてくれたフレッシュジュース。もう最高でした。ホテルの朝食には、オレンジジュースなどのジュースがセルフサービスでおいてありますが、味はもうひとつという感じ。まぁ、おいてないよりもマシですが…。ずっとそんな気持ちでいたので、そのジュースのおいしかったことおいしかったこと。グーッといっきに飲んでしまいました。起き抜けの飲み物としては最高でした。

A セロリ、梅干し、はちみつ

梅干しのもつクエン酸の酸味と塩気に、セロリの清涼感のある香りとはちみつの甘みの組み合わせが、気持ちをすっきりとさせてくれます。

材料:1杯分　82kcal
- セロリ ──────── 1/3本(50g)
- 梅干し(果肉のみ) ── 1個
- 水 ───────── 150ml
- はちみつ ─────── 大さじ1

B レモン、はちみつ

シトラス系の香りには、気持ちを引き締める効果があります。ミネラルの豊富なはちみつの甘みを加えて、ビタミンCでスッキリとした一日を。

材料:1杯分　140kcal
- レモン汁 ── 1個(大さじ4)
- 水 ────── 150ml
- はちみつ ── 大さじ2

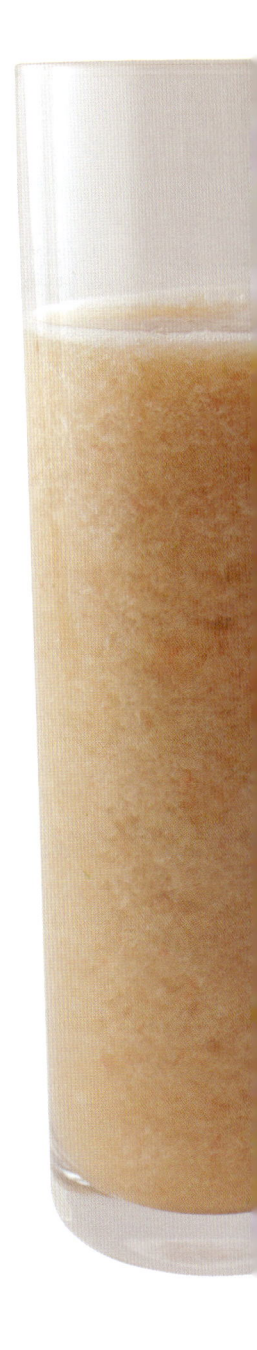

体が重い日の朝は

仕事が立てこみ、遅くまで残業した翌日の朝は起きるのがつらくて、エンジンがかかるまでに結構時間がかかっちゃいます。体ももちろん疲れてるんだけど、それ以上に精神的な疲労感のほうが大きいのかも。週末なら、あと1日乗り切れば踏ん張りも効くんだけど、ウイークデーにこの状態になるとホントにつらい。

目を覚ましても、あと5分だけ、もう5分だけ、ってぐずぐずしちゃって、どうしてもパッと着替えて次の動作に取りかかれない。定時に出社しなきゃダメとわかってても、鉄のかたまりをおんぶしてるみたいに体が重くて動けない。普段とは大違い。

こういう日に限って、携帯を持って出るのを忘れたり、電車に乗り損ねたり。体の中の歯車がほんの少しずれちゃってるようで、ホントくさっちゃいます。こんなとき、ポパイの、あのほうれん草の缶詰みたいな元気の素があったらなぁって、思うんです。

A 白菜、きゅうり、レモン

免疫力アップに効果的な白菜は、グルタミン酸が多くて甘いが、きゅうりとともに低カロリーで、塩分を調整するカリウムも十分。さわやかな香りのレモンを加えてリフレッシュ。

材料：1杯分　87kcal
白菜 ──── 2〜3枚（100g）
きゅうり ── 1/2本（50g）
レモン汁 ── 大さじ1
水 ────── 50ml
はちみつ ── 大さじ1

B キウイ、グレープフルーツ

疲労回復にビタミンCは欠かせません。2つの果物でたっぷりとってリフレッシュ。同時に、免疫力を高め、美肌効果も期待できます。

材料：1杯分　91kcal
キウイ ──────── 1個（100g）
グレープフルーツ ── 1/2個（100g）

夕飯を食べそこねた翌朝に

「腹が減ってはいくさができぬ」という古いことわざがありますが、だれでも腹の虫がぐうぐう鳴った経験を、一度や二度はもっているものと思います。空腹はつらい。それも、私の場合は、中途半端に腹をすかしているときが一番つらい。気もそぞろになってしまい、仕事にも熱が入りません。

ただ、おもしろいもので、腹がすきすぎてしまうと、それまであった空腹感がスーッとどこかに消えてしまうから不思議です。なんでも、空っぽになってしまうと、胃は本来の機能を停止してしまうらしい。

夕飯を食べる時間がなくてそのままふとんにもぐり込み、朝を迎える日があります。そんな朝は要注意です。それまで眠っていた胃腸が、食べ物を口にした途端にパッと起き出して消化活動をはじめるらしいのですが、あまり吸収のよくないものは体に悪いそうです。消化がよく、即パワーの出るバナナなどを使ったジュースを飲むと、とても調子がいい。

A 卵、粉チーズ、牛乳、はちみつ

空腹のまま迎えた朝は、粉チーズとはちみつでコクと甘みをアレンジした、エッグノッグはいかが。弱った胃に負担がかからず、消化もよいはずです。

材料:1杯分　271kcal
卵 ──────── 1個
粉チーズ ──── 大さじ1
牛乳 ─────── 150ml
はちみつ ──── 大さじ1

B バナナ、豆乳

植物性たんぱく質の豆乳と栄養バランスのよいバナナの組み合わせ。子どもから高齢者まで幅広くおすすめできる、体にやさしいジュースです。

材料:1杯分　106kcal
バナナ ─────── 1/2本（70g）
無調整豆乳 ──── 100ml

加齢臭

それはある日突然、やってきました。「何かにおわない?」と同席した女性にいわれ、背筋がゾクッと寒くなりました。ついにきたか、と思いました。そう、40歳前後を境にいやおうなくやってくる加齢臭です。若いころは「オヤジ臭い」も冗談半分ですが、実際になるとけっこうイタイ。きっと、まだ若いと思っているからなのでしょう。「ハイ、あなたは向こうね」みたいに、線を引かれてしまったようでちょっとさびしい。

この臭いの元はノネナールといい、皮脂腺から分泌されるパルミトオレイン酸という物質が酸化したものだとか。そして、これを増加させる物質が活性酸素。若いときにはホルモンが活性酸素を抑えているけれど、歳とともにホルモンの分泌が減り、ノネナールが増長するらしい。首のうしろからの分泌が一番多いと聞き、気になる日には出かける前にシャワーを浴びるのが習慣になりました。

そして、活性酸素を抑えるのに効果的なほうれん草、キャベツ、小松菜、にんじん、かんきつ類、アボカド、アーモンド、卵、牛乳などを積極的にとるようにしています。

A 紫キャベツ、キャベツ、黒酢

普通の酢よりも抗酸化作用の強い黒酢と、キャベツ、抗酸化作用の色素であるアントシアニンをもつ紫キャベツで老化を防止し、体質を改善。

材料:1杯分　21kcal
紫キャベツ ——— 1〜2枚（20g）
キャベツ ——— 1枚（50g）
黒酢 ——— 大さじ1
水 ——— 120ml

B 小松菜、にんじん、ヨーグルト、牛乳、はちみつ

若さを保つことが加齢臭を抑えることにつながります。善玉菌を増やし、良質のカルシウムとβ－カロテンをしっかりとって、体の中から若返り。

材料:1杯分　150kcal
小松菜 ——— 1株（50g）
にんじん ——— 1/4本弱（50g）
ヨーグルト ——— 50ml
牛乳 ——— 50ml
はちみつ ——— 大さじ1

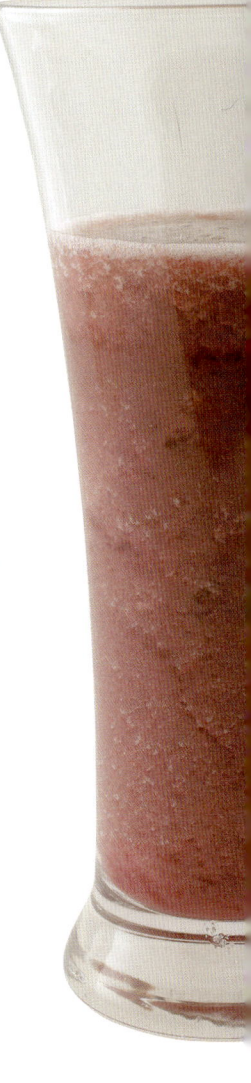

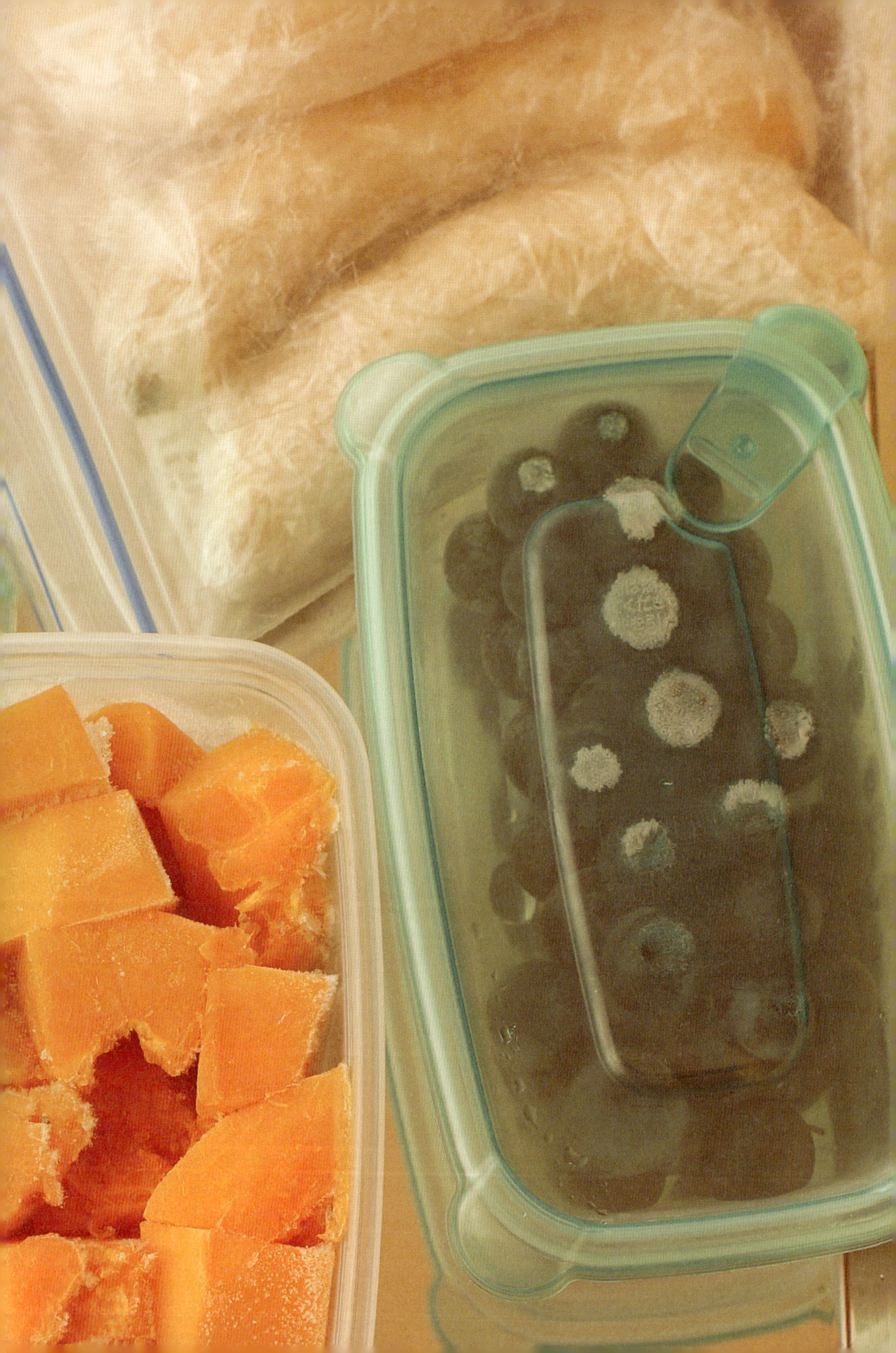

野菜と果物の保存法

　一回に飲むジュースの量を200mlとした場合、複数の野菜を使うと、一種類の量は多くても100g前後。ですから、野菜にしても果物にしても、ほとんどの材料を数回に分けて使うことになります。そうしたときに、少し多くても残さずに使ってしまおう、と思ってはいけません。一度にたくさんのジュースを飲むことは、あまりおすすめできません。一度に量を多くとると、たとえおいしいものでも飽きてしまいます。生野菜のジュースは、毎日欠かさず飲むことが、とてもたいせつです。適量をコンスタントに飲み続けられるように、野菜と果物の鮮度をしっかりと保存するように常に心がけてください。

野菜は新聞紙で包む

　葉つきのかぶは、葉をつけたままにすると養分が葉に回ってしまいます。葉元から切ってぬらした新聞紙で包み、冷蔵庫の野菜室へ。水気を嫌うピーマンなどは、保存袋に入れて野菜室に保存します。冬瓜のように大きいものは、皮と種を取り除き、使いやすい大きさに切り分けて冷凍保存に。ほうれん草などの葉菜は、基本的には新聞紙で包むか、保存袋に入れれば野菜室で4〜5日は持ちます。もしくは、ゆでて冷ましたら、1回分ずつ小分けにして冷凍保存すれば、ジュースだけでなく、ほかの料理にも使えて重宝します。湿気を嫌うにんじんは、乾燥したところに常温で保存しますが、小さく切って冷凍保存してもよいでしょう。

果物はカットして冷凍保存

　ジュースによく使う果物にりんごとバナナがありますが、この2種とほかの果物の保存には要注意です。というのは、この2つは果物の熟成を早めるエチレンガスを発生し、いっしょに保存しているほかの果物を熟させてしまうからです。ほかの果物と離すとともに、りんごは一個ずつ保存用のポリ袋に入れ、冷蔵庫の野菜室に保存します。寒さに弱いバナナは冷蔵庫に入れると皮が黒ずんで劣化してしまうため、常温で熟成させて使うか、皮をむいて一本ずつラップに包むか、使いやすい大きさに切り、保存袋に入れて冷凍保存します。

　残った果物は、ラップに包んで冷蔵庫に入れても、消化酵素がはたらいて劣化が進み、味も風味も悪くなってしまいます。すいかやメロンなどの大きな果物は、皮と種を取り除き、使いやすい大きさにカットして、保存用の容器に入れて冷凍庫に入れると熟成が進みません。ぶどうは茎につけたまま、皮つきのまま冷凍保存します。冷凍した果物をジュースにするときは、凍ったままミキサーにかけます。

にんにくとにおい消し

においの強い食べ物が苦手だったのですが、韓流映画にはまってしまって韓国旅行をしたのがきっかけで、キムチやにんにくの入った醤(ジャン)なども口にするようになりました。でも、焼き肉やキムチを食べた翌朝は、口臭が気になっていやですね。口のにおいは、ほかの人からはなかなか注意を受けにくい。「あなた、口がくさい」なんて親しい間柄でも言えませんよね。だから、自分で注意しないといけません。自分では何でもないと思ってしまいがち。だからこそ、気をつけないと…。

重宝しているのは、パセリとミント。お弁当の隅っこに入っているパセリ、飾りではなく、ちゃんとした理由があるってご存じでした？ お弁当を食べ終えたら、最後にパセリを食べて口のにおいを消すのだそうです。

それを知ってから、プランターで育てたパセリやミントを使ってジュースを作っています。においのある食事をした次の日や、外出前に、それを飲んでから出かけるようにしています。

A パセリ、豆乳

香味野菜として知られるパセリの成分、ピネンでにんにくの臭みを分解し、アピオールで口臭の元になる雑菌の繁殖をシャットアウト。

材料：1杯分　102kcal
パセリ ——— 1枝（5g）
無調整豆乳 — 200ml

B セロリ、ミント、牛乳

ミントの清涼感のあるメントールの香りを、セロリと牛乳の消臭効果といっしょにとり、口の中のにおいを消します。すっきりとした味わいで、気分も爽快に。

材料：1杯分　110kcal
セロリ —— 1/3本（50g）
ミント —— 2〜3枝（5g）
牛乳 —— 150ml

胃が重いときには

朝起きたときに、何となく胃が重く感じることってないですか。きっと前日の夜遅くに食べたり飲んだりしたバツなんでしょうね。普段は、夜9時以降に食べてはいけない、ときつく守ってるんだけど、気のおけない友だちと会ったりすると、ついつい度が過ぎてしまい…、気がついたらしっかりフルコースって感じ。おしゃべりをしながらデザートも多めにとることも。せっかくだから、たまにだから、なんて自分に言い聞かせながら、食べたり、飲んだりしてしまいます。朝起きて、おなかが重いなぁって、後悔することしきりです。

こうとき、一番効き目のあるのが、酵素をたっぷり含んだ天然の力なんですって。ジュースにして飲むと、素早く吸収され、酵素がガンガン消化を助けてくれてスッキリ元気になれるって。今晩も遅ごはんだから、明日の朝、さっそくやってみようっと。

A 大根、りんご

りんごと大根の酵素パワーをたっぷりととって消化を助け、代謝も活発に。そのまま食べるよりもジュースにしたほうが、より多くの酵素を効果的にとり入れることができます。

材料：1杯分　85kcal
大根 —— 厚さ2cmの輪切り1枚（80g）
りんご —— 1/2個（120g）

作り方のポイント：
りんごを多めに入れたほうが、大根特有のくさみと辛みが和らぎ、飲みやすくなります。

B キャベツ、ヨーグルト

胃腸のはたらきをよくするキャベツのビタミンUと、ヨーグルトのビフィズス菌で消化力をアップ。さらに、ビタミンC、β−カロテン、たんぱく質、カルシウムをバランスよくとれます。

材料：1杯分　85kcal
キャベツ —— 2枚（100g）
ヨーグルト —— 100ml

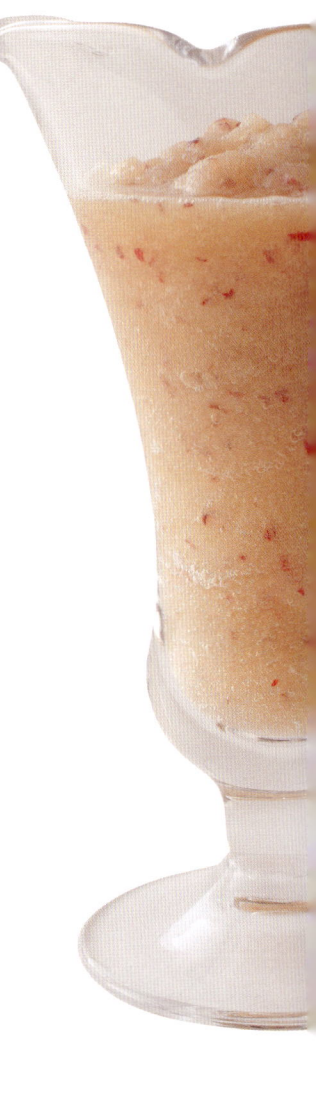

寝不足のときに

連想ゲームで「寝不足」とでてきたら、即座に「つらい」と答えるでしょうね。寝足りないことほど、つらいことはないと思っています。昔、ナポレオンは一日3時間しか睡眠をとらなかったと聞いたときには、すごいと思いつつも、起きてりゃいいってもんじゃないだろう、と反駁したものです。仕事が忙しくなると、「ああ、だれか3時間睡眠法を教えてくれないかな」と思います。しっかり寝ないと、頭の中に靄がかかってしまったようでいけません。霞は食べて仙人になれるかもしれませんが、頭の中の靄は、もやもやしているだけで始末が悪い。おまけに仕事でミスをしたり、コーヒーをこぼしてしまったり、いいことは一つもありません。とてもナポレオンになんかなれませんし、寝不足解消のいい方法を探すのが一番現実的のようです。

そして、とにかく今日一日を無事に終わらせるために、頭をすっきりとさせ、体を積極的に動かさなければ。そのためのエネルギーを詰め込んだジュースを飲んで、がんばりますか。

A 枝豆、酢、はちみつ

枝豆のビタミンB₁がはちみつの糖質をエネルギーに変えるとともに、酢の酢酸が目覚めてすぐの頭をすっきりとさせてくれます。

材料：1杯分　173kcal
ゆでた枝豆（冷凍） ── 50g
酢 ──────────── 大さじ1
はちみつ ───────── 大さじ1
水 ──────────── 150ml

B アスパラガス、パイナップル、牛乳

元気の素のアスパラギン酸と、食べてすぐに糖質をエネルギーに変えるビタミンB₁は2つの素材からとる。良質なたんぱく質の牛乳とともに。

材料：1杯分　96kcal
アスパラガス（太いもの） ── 1本（50g）
パイナップル ─────────── 100g
牛乳 ──────────────── 50ml

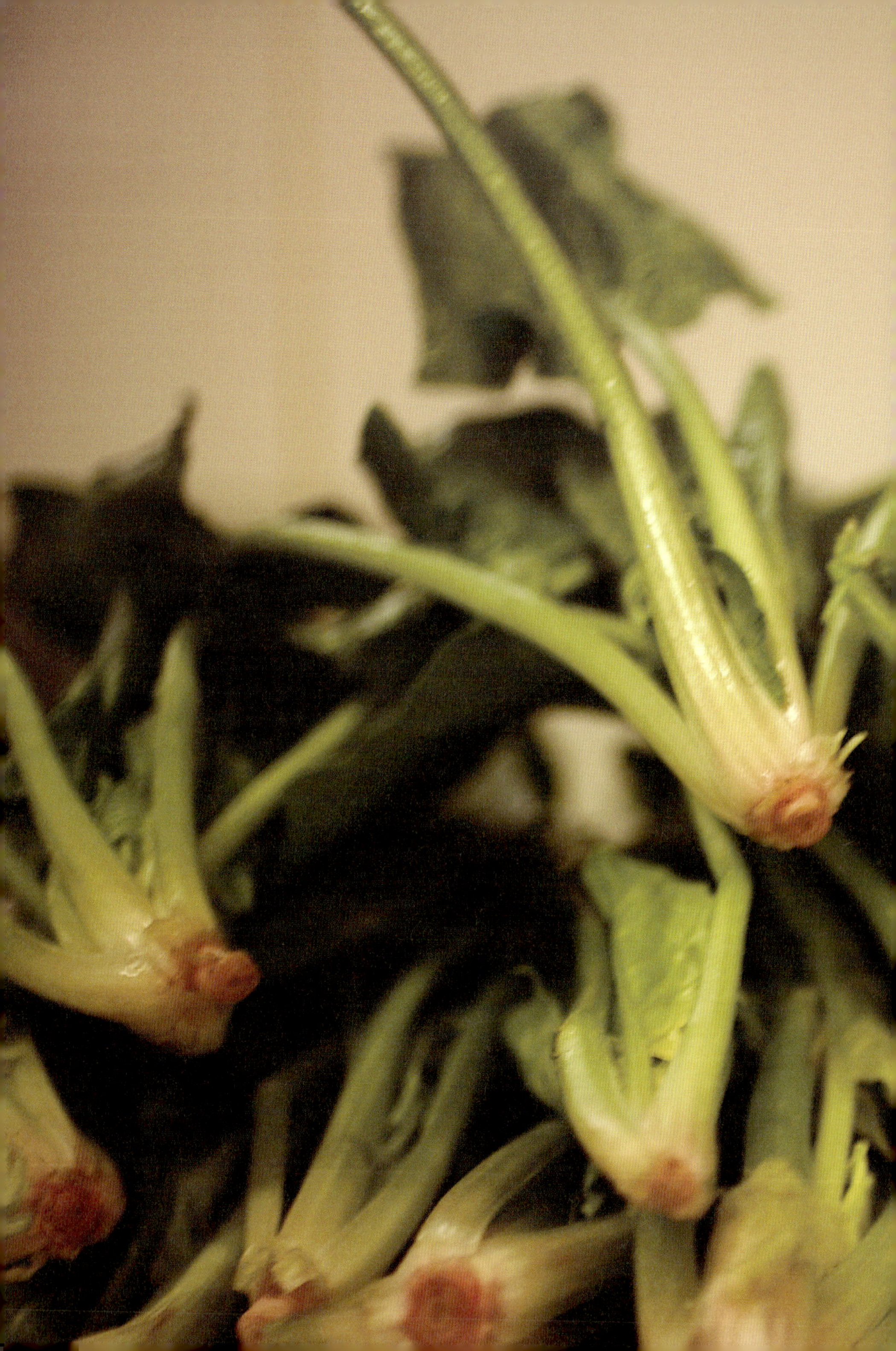

3

最強野菜ベスト10

ジュース作りは、メインの野菜選びからはじまります。
まずは、栄養バランスのとれた10種類から選んでください。
この野菜が決まれば、あとは簡単。もう1種類を選んでもよし
果物など、組み合わせは自由自在。お好きな味に。

3　最強野菜ベスト10

ほうれん草

緑黄色野菜の中でも群を抜く栄養バランス

大量のβ-カロテンや鉄分をはじめ、造血作用のある葉酸など、栄養成分が豊富な緑黄色野菜。品種改良によりアクが少なくて生食に向くサラダほうれん草や、低温で育てて糖度を上げた肉厚のちぢみほうれん草なども出回っています。

主な食品成分　可食部100g(約5株)あたり

ビタミン
- A　β-カロテン当量 ── 4200μg　抗酸化作用、免疫力
- B$_2$ ── 0.20mg　皮膚や髪などの細胞の再生
- 葉酸 ── 210μg　赤血球の形成
- C ── 35mg　免疫力、皮膚や骨の形成

無機質
- カリウム ── 690mg　塩分の調整、血圧降下作用
- カルシウム ── 49mg　骨の形成
- マグネシウム ── 69mg　不足するとけいれんやまひを引き起こす
- 鉄 ── 2.0mg　免疫力、造血作用
- 亜鉛 ── 0.7mg　不足すると貧血、味覚障害、皮膚炎を引き起こす

食物繊維総量 ── 2.8g　便秘、肥満、糖尿病の予防

▶根の先の赤い部分にはマンガンを含んでいる。

ほうれん草

＋ にんじん、牛乳

にんじんのβ-カロテンを加えて免疫力をさらにパワーアップし、活性酸素から体を守る。

材料：1杯分　90kcal
ほうれん草 —— 4株（80g）
にんじん —— 厚さ1cmの輪切り1枚（20g）
牛乳 ——— 100ml

✚ キウイ、はちみつ

ビタミンB6、C、Eを豊富に含むキウイが抗酸化作用を強め、造血、肌の老化、便秘、高血圧予防などに効力。

材料:1杯分　118kcal
ほうれん草 ── 2～3株（50g）
キウイ ──── 1/2個（80g）
水 ─────── 70ml
はちみつ ─── お好みで

✚ アーモンド、豆乳

アーモンドのビタミンEをたっぷり加え、活性酸素による体内の酸化を防ぎ、若々しさを保つ。

材料:1杯分　160kcal
ほうれん草 ── 2～3株（50g）
アーモンド ── 10粒（10g）
調整豆乳 ─── 140ml

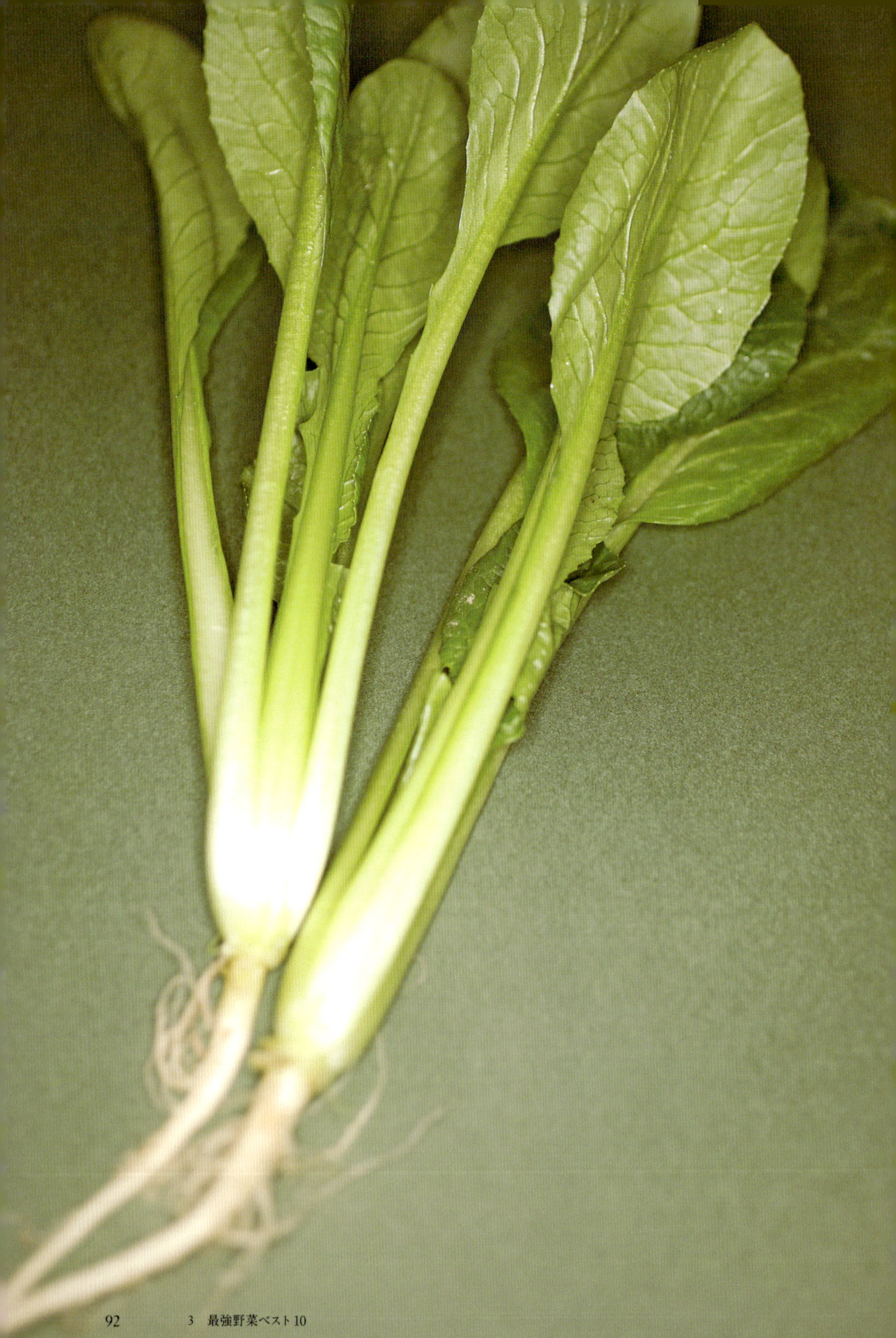

小松菜

アクが少なくて食べやすく、栄養バランスはほうれん草に並ぶ

アクがない分、味に個性はないが、栄養価の点では、ほうれん草にけっして劣らない緑黄色野菜。カルシウムは牛乳並み、ほうれん草の3倍もあり、骨粗しょう症予防に効果があります。育ち盛りの子どもに食べさせたい野菜の一つ。

主な食品成分　可食部100g（約2株）あたり

ビタミン
- A　β-カロテン当量 ── 3100μg　抗酸化作用、免疫力
- K ── 210μg　骨を丈夫にする、止血作用
- B_1 ── 0.09mg　脳や神経を活発にする
- B_2 ── 0.13mg　皮膚や髪などの細胞の再生
- ナイアシン ── 1.0mg　血行改善、心筋梗塞の予防
- C ── 39mg　免疫力、皮膚や骨の形成

無機質
- ナトリウム ── 15mg　細胞の浸透圧・水分の調整
- カリウム ── 500mg　塩分の調整、血圧降下作用
- カルシウム ── 170mg　骨の形成
- リン ── 45mg　骨や歯の形成、エネルギーを作り出す
- 鉄 ── 2.8mg　免疫力、造血作用

食物繊維総量 ── 1.9g　便秘、肥満、糖尿病の予防

▶カルシウムは、牛乳並みの含有量をもっている。

3　最強野菜ベスト10

小松菜

✚ 春菊、牛乳、はちみつ

カルシウムを春菊と牛乳でさらに補強。ビタミン、ミネラル類も多く、骨粗しょう症の予防に効果的。風邪の予防、美肌効果などもあります。

材料:1杯分　163kcal
小松菜　　　── 2株（100g）
春菊　　　　── 1株強（30g）
牛乳　　　　── 120ml
はちみつ　　── お好みで（大さじ1）

✚ 大豆

大豆は、必須アミノ酸をバランスよく含んだ良質のたんぱく質食材。併せて、レシチン、オリゴ糖、サポニン、イソフラボンもとれます。

材料:1杯分　53kcal
小松菜　　　── 小2株（80g）
大豆（水煮）── 30g
水　　　　　── 90ml

3 最強野菜ベスト10

トマト

ファイトケミカルのリコピンが免疫力をアップ

果物並みに高い糖度をもった、ジューシーな品種が多く出回っている緑黄色野菜。人気の秘密は、味だけでなく、皮に含まれる赤い色素のリコピンなどの効能にも。抗酸化作用があり、抗ガン、動脈硬化の予防などに効果を発揮。クエン酸のはたらきで血糖値や血圧を下げる作用もあります。

主な食品成分　可食部100g(約1/2個)あたり

ビタミン

- A　β−カロテン当量 ─ 540μg　抗酸化作用、免疫力
- B_1 ──────── 0.05mg　脳や神経を活発にする
- B_2 ──────── 0.02mg　皮膚や髪などの細胞の再生
- B_6 ──────── 0.08mg　皮膚や粘膜を正常に保つ
- 葉酸 ───────── 22μg　赤血球の形成
- C ─────────── 15mg　免疫力、皮膚や骨の形成

無機質

- カリウム ─────── 210mg　塩分の調整、血圧降下作用
- リン ────────── 26mg　骨や歯の形成、エネルギーを作り出す

食物繊維総量 ──── 1.0g　便秘、肥満、糖尿病の予防

▶皮に栄養成分がたくさんあるので、むかずに使う。

3　最強野菜ベスト10

トマト

＋ グレープフルーツ

グレープフルーツ特有のジューシーでさわやかな甘みと苦みを加味。この苦みはナリンギンといい、抗ガン作用の強いポリフェノールの一種。

材料:1杯分　57kcal
トマト ──────── 3/4個（150g）
グレープフルーツ ── 1/4個（50g）

＋ レモン

ビタミンCをたっぷりととり、疲労回復、老化防止。シミやそばかすの原因になるメラニン色素を減らす効果もあり、男女を問わずおすすめ。

材料:1杯分　39kcal
トマト ──── 1個（200g）
レモン汁 ── 小さじ1

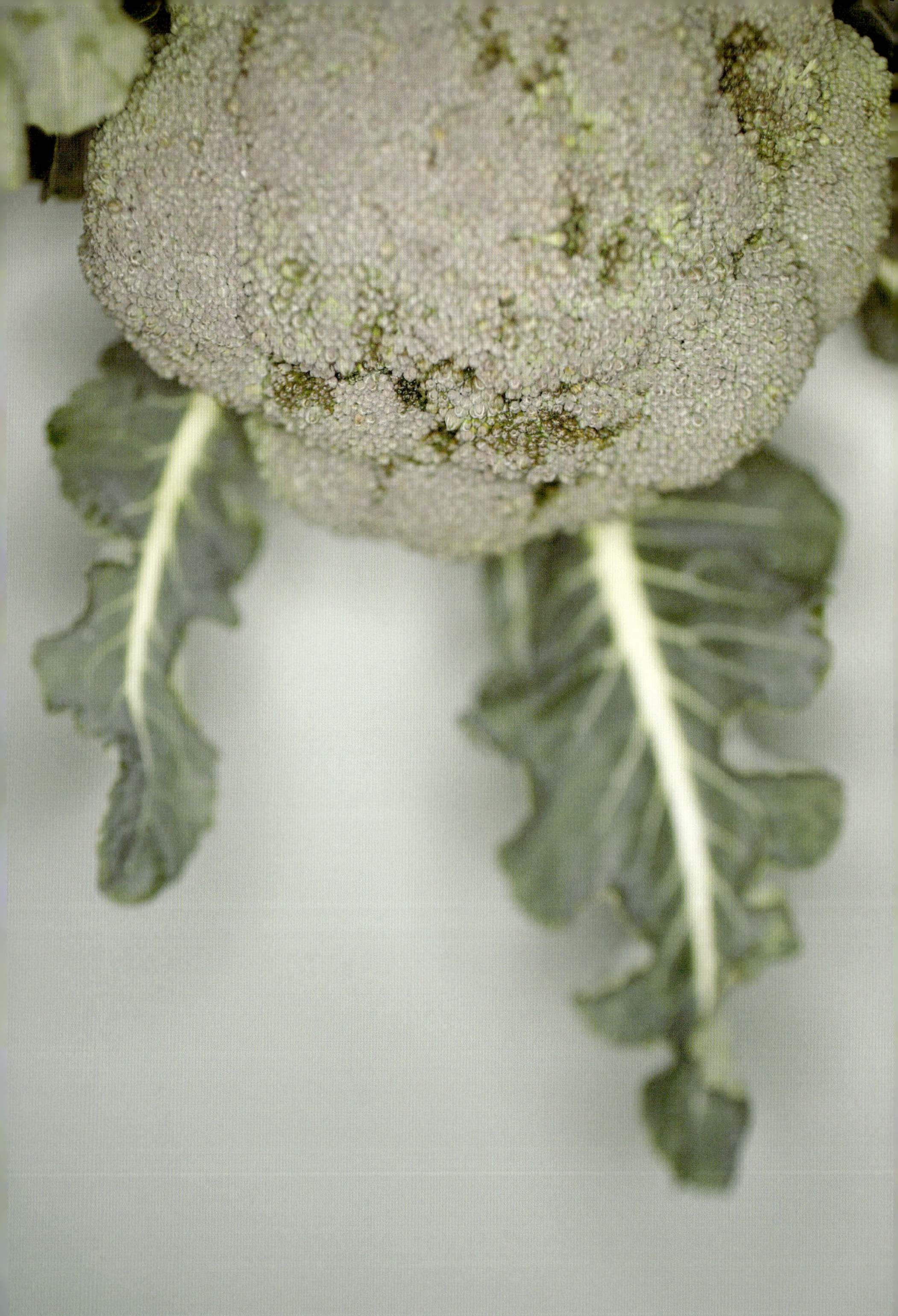

ブロッコリー

ガンを抑えるファイトケミカルに注目

いまや代表的な緑黄色野菜で、特にスルフォラファンという成分に体内の抗酸化作用と解毒酵素を活性化させるはたらきがあると注目されています。β-カロテンやビタミンCも豊富で、老化防止、血行促進、動脈硬化や心筋梗塞の予防などにも効果を発揮。つぼみが開く間に栄養素が減ってしまうので、小分けにしてさっとゆでて冷凍保存すると、むだにすることなく使えます。

主な食品成分　可食部100g(約10房)あたり

ビタミン

- A　β-カロテン当量 —— 810μg　　抗酸化作用、免疫力
- E —————————— 2.4mg　　抗酸化作用、老化予防、動脈硬化予防
- B_1 ————————— 0.14mg　　脳や神経を活発にする
- B_2 ————————— 0.20mg　　皮膚や髪などの細胞の再生
- 葉酸 ———————— 210μg　　赤血球の形成
- パントテン酸 ———— 1.12mg　　代謝をすすめて肥満防止、免疫力
- C —————————— 120mg　　免疫力、皮膚や骨の形成

無機質

- カリウム ————— 360mg　　塩分の調整、血圧降下作用
- カルシウム ———— 38mg　　骨の形成
- 鉄 ————————— 1.0mg　　免疫力、造血作用

食物繊維総量 ———— 4.4g　　便秘、肥満、糖尿病の予防

▶ つぼみが硬く、茎部にスが入っていないものを選ぶ。

ブロッコリー

✚ 牛乳、はちみつ

β-カロテンとビタミンCの豊富なブロッコリーを、たんぱく質の豊富な牛乳でジュースに。甘みづけにはちみつを加えれば、ミネラルもとれます。

材料：1杯分　162kcal

ブロッコリー ——— 約10房（100g）
牛乳 ——————— 100ml
はちみつ ————— お好みで（大さじ1）

＋パパイヤ

β-カロテン、ビタミンC、Eをたっぷりととり、抗ガン作用を強め、脳梗塞や心筋梗塞の予防を強化。貧血に効く葉酸も、たっぷりとれます。

材料：1杯分　45kcal
ブロッコリー ―― 約8房（80g）
パパイヤ ―― 1/8個（50g）
水 ―― 100ml

＋豆腐

大豆のたんぱく質を加えたジュースで、低カロリーで栄養バランスがよく、高血圧を改善するのにうってつけ。朝食代わりにも十分できます。

材料：1杯分　54kcal
ブロッコリー ―― 約8房（80g）
絹ごし豆腐 ―― 1/6丁（50g）
水 ―― 70ml

3　最強野菜ベスト10

レタス

栄養成分の量は多くないが、バランスよくとれる

シャキシャキとした軽い食感が特徴の淡色野菜。レタスのことを日本語で「ちしゃ」といいます。この名は、茎の切り口から白い乳状の液が出ることからついた「乳草」に由来。この白い液に含まれているラクチュコピコリンは、鎮静の効果があることで知られています。

主な食品成分　可食部100g（約4〜6枚）あたり

ビタミン

- A　β-カロテン当量 ── 240μg　抗酸化作用、免疫力
- K ── 29μg　骨を丈夫にする、止血作用
- B_1 ── 0.05mg　脳や神経を活発にする
- B_2 ── 0.03mg　皮膚や髪などの細胞の再生
- ナイアシン ── 0.2mg　血行改善、心筋梗塞の予防
- 葉酸 ── 73μg　赤血球の形成

無機質

- カリウム ── 200mg　塩分の調整、血圧降下作用
- カルシウム ── 19mg　骨の形成
- リン ── 22mg　骨や歯の形成、エネルギーを作り出す

食物繊維総量 ── 1.1g　便秘、肥満、糖尿病の予防

▶ 切り口が赤く変色するのは、ポリフェノールの酸化による。

3　最強野菜ベスト10

レタス

＋ バナナ、豆乳

食欲増進や肝機能、腎臓の機能を高めるサポニン様物質を含むレタスと、エネルギー源になるバナナを組み合わせ、食欲のないときの食事代わりに。

材料：1杯分　81kcal
レタス ──── 2〜3枚（50g）
バナナ ──── 1/2本（50g）
無調整豆乳 ── 50ml

＋ キウイ

キウイでビタミンCを補給した低カロリーのジュース。美肌づくり、風邪予防、高血圧予防などの効果を期待。

材料：1杯分　33kcal
レタス ──── 2〜3枚（50g）
キウイ ──── 1/2個（50g）
水 ────── 50ml

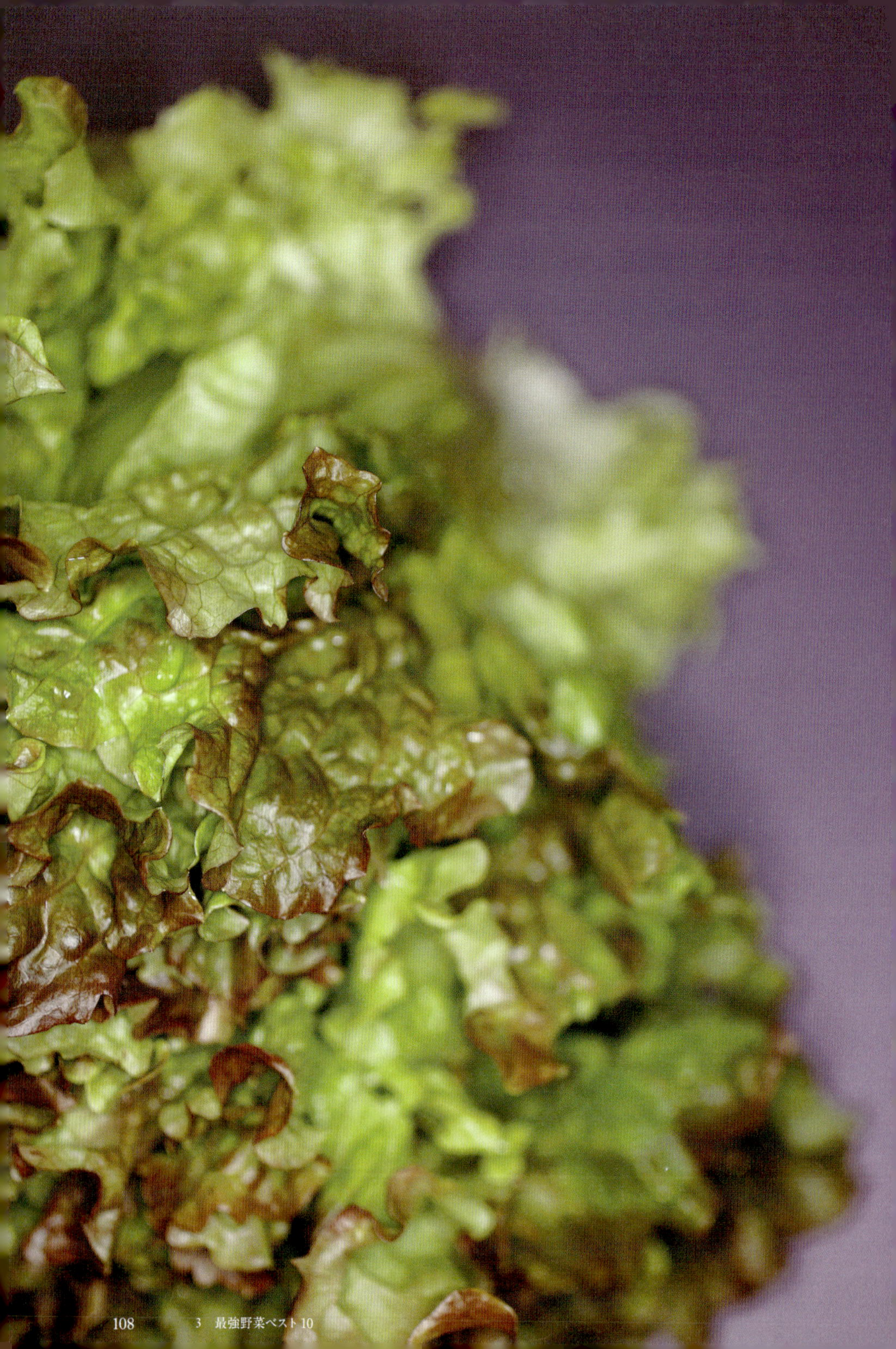

サニーレタス

β−カロテンやビタミン B_1 が豊富な葉系レタス

球形（結球）のレタスは淡色野菜ですが、サニーレタスはリーフレタスの仲間で緑黄色野菜に分類されます。β−カロテン、ビタミンK、葉酸のビタミン類、カルシウムなどのミネラル分も多く、栄養値のバランスがよい。疲労回復、老化防止にも。食物繊維をたっぷりととれば、便秘解消、大腸ガンの予防効果も得られます。

主な食品成分 可食部100g（約4〜6枚）あたり

ビタミン

- A　β−カロテン当量 ── 2000μg　抗酸化作用、免疫力
- E ──────────── 1.2mg　抗酸化作用、老化予防、動脈硬化予防
- K ──────────── 160μg　骨を丈夫にする、止血作用
- B_1 ─────────── 0.10mg　脳や神経を活発にする
- B_2 ─────────── 0.10mg　皮膚や髪などの細胞の再生
- ナイアシン ─────── 0.3mg　血行改善、心筋梗塞（こうそく）の予防
- 葉酸 ────────── 120μg　赤血球の形成
- C ──────────── 17mg　免疫力、皮膚や骨の形成

無機質

- カリウム ──────── 410mg　塩分の調整、血圧降下作用
- カルシウム ─────── 66mg　骨の形成
- マグネシウム ────── 15mg　不足するとけいれんやまひを引き起こす
- リン ────────── 31mg　骨や歯の形成、エネルギーを作り出す
- 鉄 ─────────── 1.8mg　免疫力、造血作用

食物繊維総量 ────── 2.0g　便秘、肥満、糖尿病の予防

▶ 緑黄色野菜のサニーレタスは、淡色野菜のレタスよりも栄養価が高い。

3 最強野菜ベスト10

サニーレタス

✚ パイナップル、豆乳

パイナップルを組み合わせ、代謝を促すビタミン B_1、B_2、C をさらに増やし、クエン酸の相乗効果により疲労回復、夏バテ、老化防止などに効きます。

材料:1杯分　98kcal
サニーレタス ── 2〜3枚（50g）
パイナップル ── 約1/8個（50g）
無調整豆乳 ── 100ml

✚ 小松菜、豆乳、オリゴ糖

カルシウムをたっぷりととって骨太に。β-カロテンとビタミンCで免疫力をアップし、美容効果、風邪予防、生活習慣病などの予防ができます。

材料:1杯分　137kcal
サニーレタス ── 2〜3枚（50g）
小松菜 ── 大1/2株（30g）
無調整豆乳 ── 120ml
オリゴ糖 ── お好みで（大さじ1）

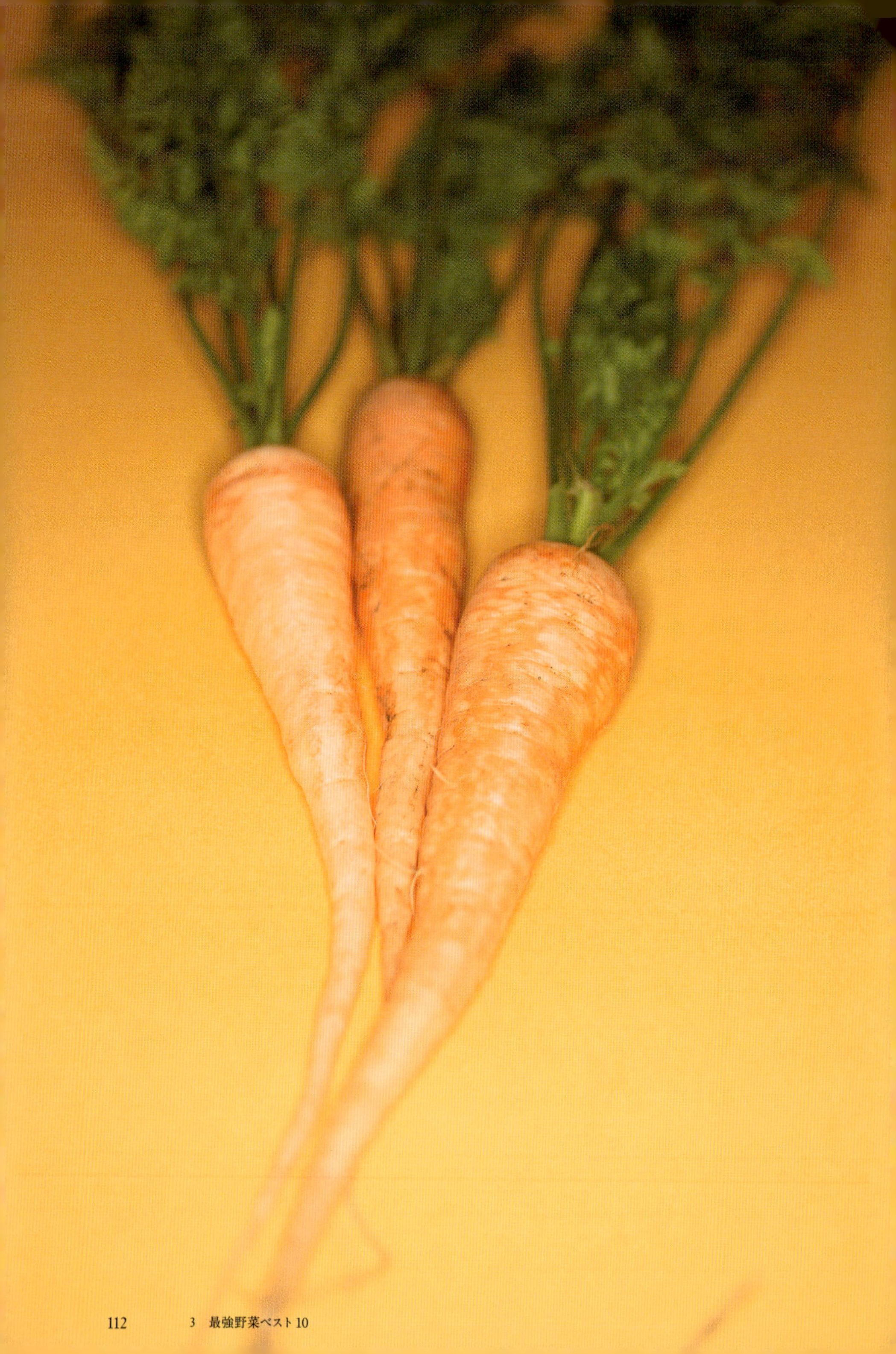

にんじん

豊富なβ-カロテンでしっかりと免疫力を高める

β-カロテンの含有量では、普通に手に入る野菜の中では群を抜く多さを誇り、強い抗酸化作用、免疫力をもつ。ガンや動脈硬化の予防にも効果があります。また、食物繊維も多いことから、便秘の予防にも。ただし、にんじんに含まれる酵素にはビタミンCを壊すはたらきがあるため、ジュースにしたら、すぐに飲むようにします。

主な食品成分　可食部100g（約1/2本強）あたり

ビタミン

- A　β-カロテン当量 —— 9100μg　抗酸化作用、免疫力
- B_1 —————————— 0.05mg　脳や神経を活発にする
- B_2 —————————— 0.04mg　皮膚や髪などの細胞の再生
- B_6 —————————— 0.11mg　皮膚や粘膜を正常に保つ
- C ——————————— 4mg　免疫力、皮膚や骨の形成

無機質

- ナトリウム ————— 24mg　細胞の浸透圧・水分の調整
- カリウム —————— 280mg　塩分の調整、血圧降下作用
- カルシウム ————— 28mg　骨の形成

食物繊維総量 ————— 2.7g　便秘、肥満、糖尿病の予防

114　3　最強野菜ベスト10

にんじん

✚ パプリカ

パプリカでビタミンCなどのビタミン群をさらに充実させ、免疫力を強くします。血液をサラサラにし、老化、疲労、肌荒れに効果的。

材料:1杯分　46kcal
にんじん ―― 1/2本強（100g）
パプリカ ―― 1/4個（30g）
水 ―――― 70ml

✚ オレンジ

たっぷりのβ-カロテンに加えて、オレンジのビタミンC、フラボノイドなどで抗酸化作用をさらにアップ。白いワタに含まれるビタミンPは毛細血管を強くするので、いっしょに使いましょう。

材料:1杯分　57kcal
にんじん ―― 1/2本強（100g）
オレンジ ―― 約1/3個（50g）
水 ―――― 50ml

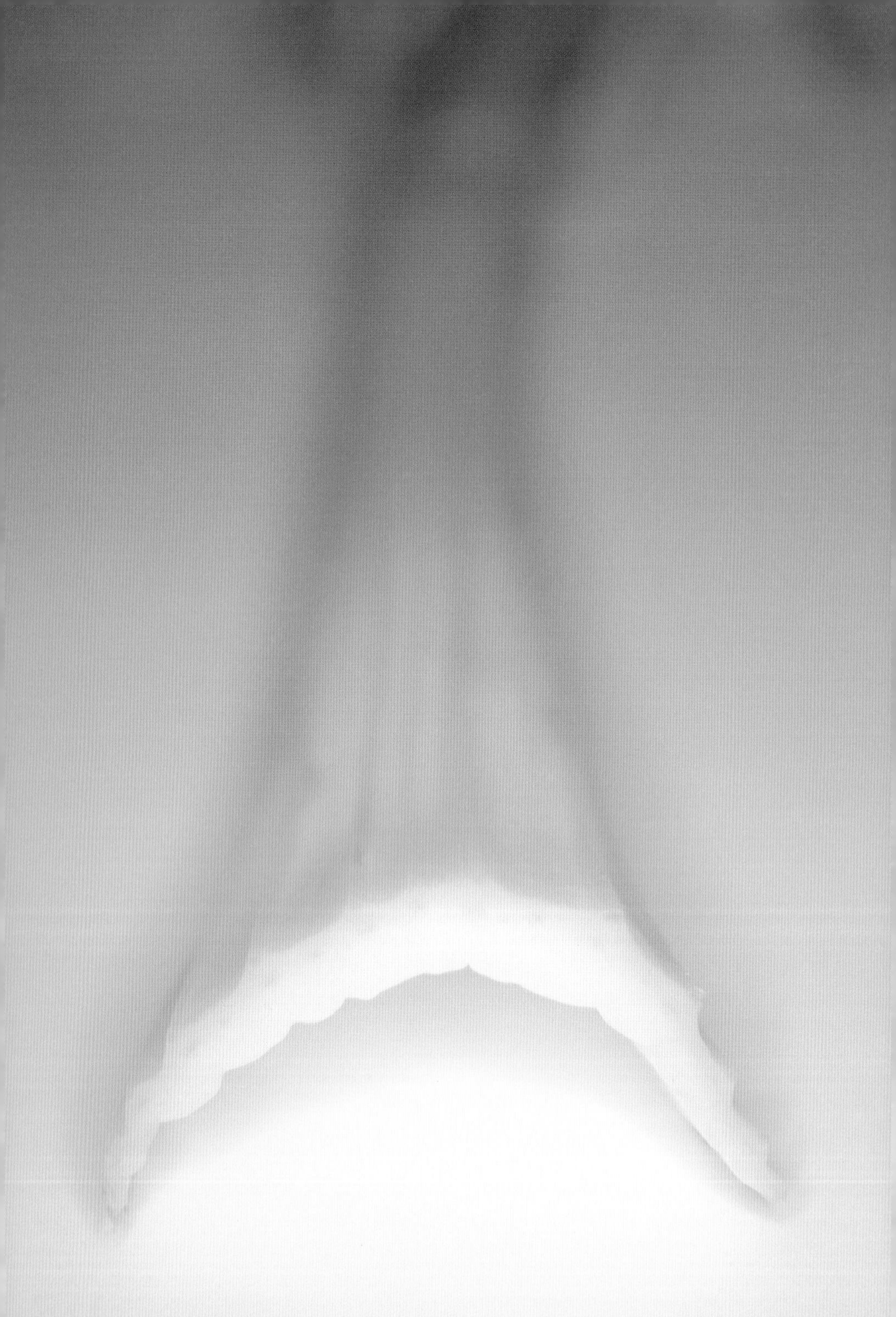

セロリ

ストレスを抑えて強壮効果も得られる

においを消す作用があるため、香味野菜として料理に使われる淡色の葉菜。特有のにおいには、ストレスを抑える精神安定作用と強壮効果があります。葉の部分には、β–カロテンと血液をサラサラにする効果のあるピラジンが多く含まれているので、積極的に使いましょう。

主な食品成分　可食部100g(約2/3本)あたり

ビタミン

- K ──────── 10μg　　骨を丈夫にする、止血作用
- B_1 ──────── 0.03mg　脳や神経を活発にする
- B_2 ──────── 0.03mg　皮膚や髪などの細胞の再生
- B_6 ──────── 0.08mg　皮膚や粘膜を正常に保つ
- 葉酸 ──────── 29μg　　赤血球の形成
- C ──────── 7mg　　免疫力、皮膚や骨の形成

無機質

- ナトリウム ──────── 28mg　　細胞の浸透圧・水分の調整
- カリウム ──────── 410mg　塩分の調整、血圧降下作用
- カルシウム ──────── 39mg　　骨の形成
- リン ──────── 39mg　　骨や歯の形成、エネルギーを作り出す
- 鉄 ──────── 0.2mg　免疫力、造血作用
- 亜鉛 ──────── 0.2mg　不足すると貧血、味覚障害、皮膚炎を引き起こす

食物繊維総量 ──────── 1.5g　　便秘、肥満、糖尿病の予防

3　最強野菜ベスト10

セロリ

✚ モロヘイヤ、ほうれん草、牛乳

セロリの強壮効果にモロヘイヤの滋養効果、さらにほうれん草の栄養価をミックス。牛乳の量で、飲みやすい濃度に加減しましょう。

材料：1杯分　86kcal
セロリ ──────── 1/3本強（60g）
モロヘイヤ ──── 2枝（10g）
ほうれん草 ──── 1と1/2株（30g）
牛乳 ────────── 100ml

✚ 春菊、ヨーグルト、はちみつ

独特の香りをもつ2種の葉菜を使い、栄養成分を補う。スタミナ補給、血液サラサラ、貧血改善、骨粗しょう症予防、食欲増進などの幅広い効果を期待できます。

材料：1杯分　105kcal
セロリ ──────── 1/3本強（60g）
春菊 ────────── 1株（15g）
ヨーグルト ──── 50g
水 ──────────── 100ml
はちみつ ────── お好みで（大さじ1）

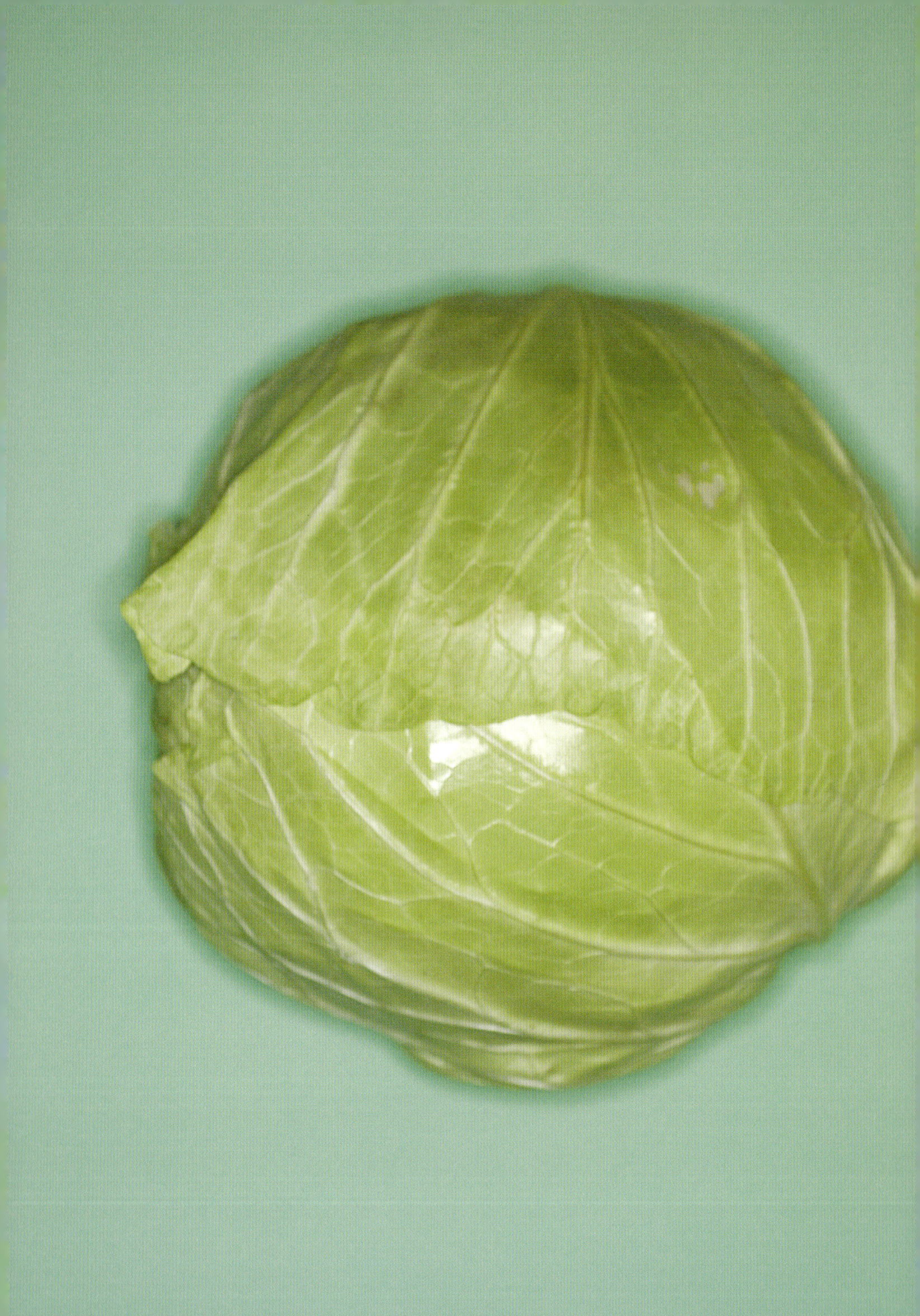

キャベツ

ビタミンUとKをとって胃腸の状態を改善

ビタミンUはキャベジンの名で知られ、胃腸の粘膜を修復し、胃酸の分泌を抑えるなど、胃腸の障害に広くはたらく成分です。胃の傷ついたところを止血するはたらきのあるビタミンKと機能して、さらに効果を強力に。グルタミン酸を多く含むため、飲みやすいジュースが作れます。

主な食品成分　可食部100g(葉2枚)あたり

ビタミン

- A　β-カロテン当量 — 50μg　抗酸化作用、免疫力
- K — 78μg　骨を丈夫にする、止血作用
- ナイアシン — 0.2mg　血行改善、心筋梗塞の予防
- 葉酸 — 78μg　赤血球の形成
- C — 41mg　免疫力、皮膚や骨の形成

無機質

- ナトリウム — 5mg　細胞の浸透圧・水分の調整
- カリウム — 200mg　塩分の調整、血圧降下作用
- カルシウム — 43mg　骨の形成
- マグネシウム — 14mg　不足するとけいれんやまひを引き起こす
- リン — 27mg　骨や歯の形成、エネルギーを作り出す

食物繊維総量 — 1.8g　便秘、肥満、糖尿病の予防

▶ 芯の周囲にビタミンCがたくさん集まっている。

3　最強野菜ベスト10

キャベツ

✚ セロリ、オリゴ糖

イライラを抑える香り成分を加え、精神的にも胃炎や胃潰瘍の改善をバックアップ。ストレスに強くなり、スタミナを強化します。

材料:1杯分　79kcal
キャベツ ──── 2枚（100g）
セロリ ──── 1/3本（50g）
水 ──── 50ml
オリゴ糖 ──── 大さじ1

✚ ほうれん草、はちみつ

β-カロテンをはじめ、カルシウム、無機質などをしっかりと補充。抗ガン作用、肌の老化を防止する効果があり、女性におすすめ。

材料:1杯分　91kcal
キャベツ ──── 2枚（100g）
ほうれん草 ──── 1と1/2株（30g）
水 ──── 100ml
はちみつ ──── お好みで（大さじ1）

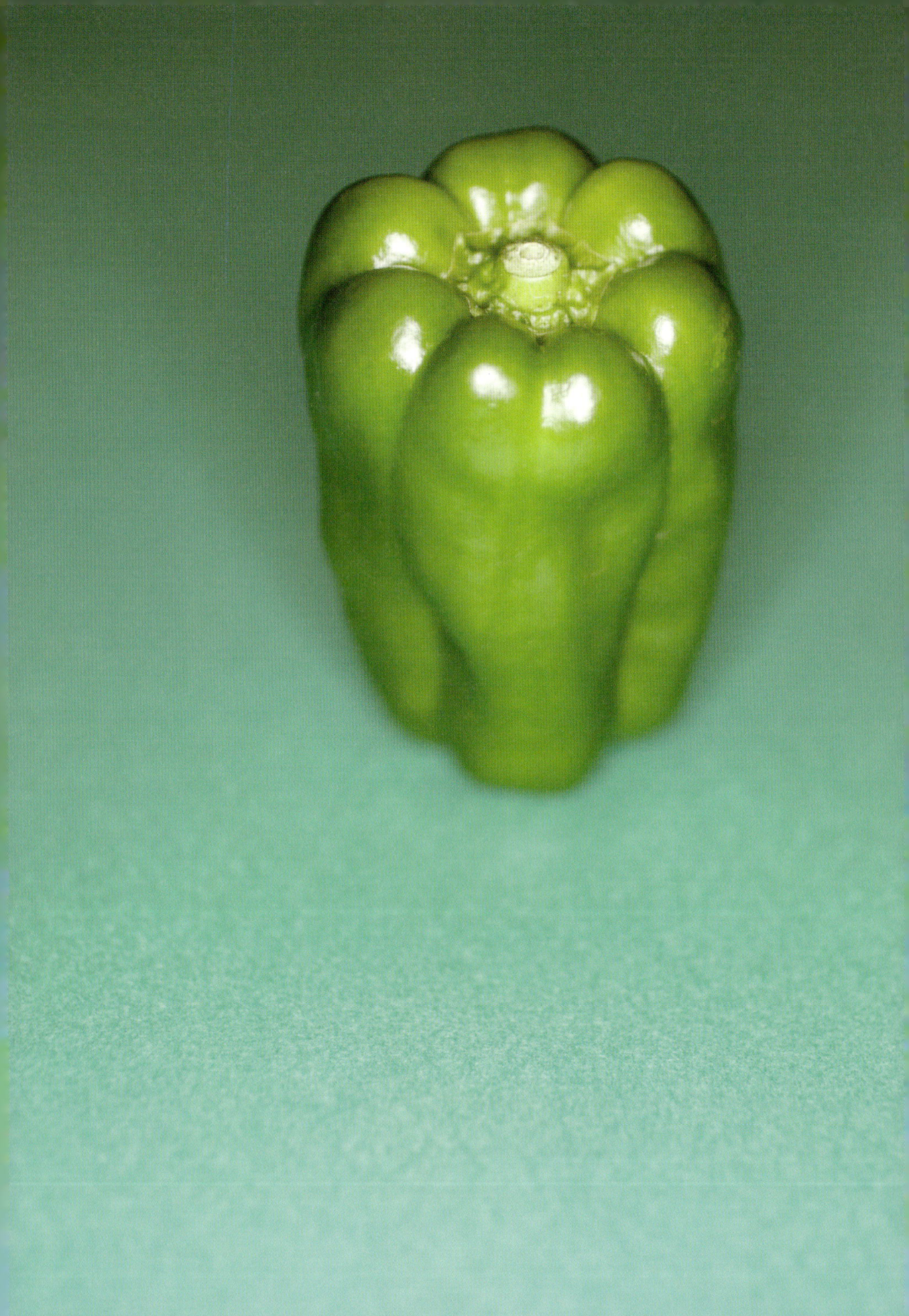

ピーマン

美肌によいビタミンCをたっぷりとれる

ビタミン群が豊富に含まれている緑黄色野菜。独特のにおいを発するピラジンには、血液をサラサラにする効果があるといわれています。糖尿病、高血圧、ガンなどの予防、肥満防止に効きます。緑色をした未熟果のものが一般的ですが、最近は完熟させた赤ピーマン、大きくて肉厚なパプリカなど、いろいろな種類が流通しています。

主な食品成分　可食部100g(4個)あたり

ビタミン

- A　β-カロテン当量 —— 400μg　抗酸化作用、免疫力
- B_1 —— 0.03mg　脳や神経を活発にする
- B_2 —— 0.03mg　皮膚や髪などの細胞の再生
- ナイアシン —— 0.6mg　血行改善、心筋梗塞(こうそく)の予防
- B_6 —— 0.19mg　皮膚や粘膜を正常に保つ
- 葉酸 —— 26μg　赤血球の形成
- C —— 76mg　免疫力、皮膚や骨の形成

無機質

- カリウム —— 190mg　塩分の調整、血圧降下作用
- マグネシウム —— 11mg　不足するとけいれんやまひを引き起こす
- リン —— 22mg　骨や歯の形成、エネルギーを作り出す

食物繊維総量 —— 2.3g　便秘、肥満、糖尿病の予防

▶ ピーマンなどのとうがらしの仲間は、ビタミンCが豊富。

3　最強野菜ベスト10

ピーマン

＋いちご

美肌、シミ予防に欠かせないビタミンCをしっかりとれます。一日の80％分を1杯でクリアできる、女性におすすめのジュース。風邪の予防効果も大。

材料:1杯分　28kcal
ピーマン ——— 2個（50g）
いちご ——— 3粒（50g）
水 ——— 100ml

＋オレンジ

ビタミンCとβ-カロテンをとって美肌に、免疫力をアップしてガン、風邪の予防に。ピーマンの苦みとオレンジの房の苦みが一つになり、飲みやすくなります。

材料:1杯分　50kcal
ピーマン ——— 2個（50g）
オレンジ ——— 約1/2個（100g）
水 ——— 50ml

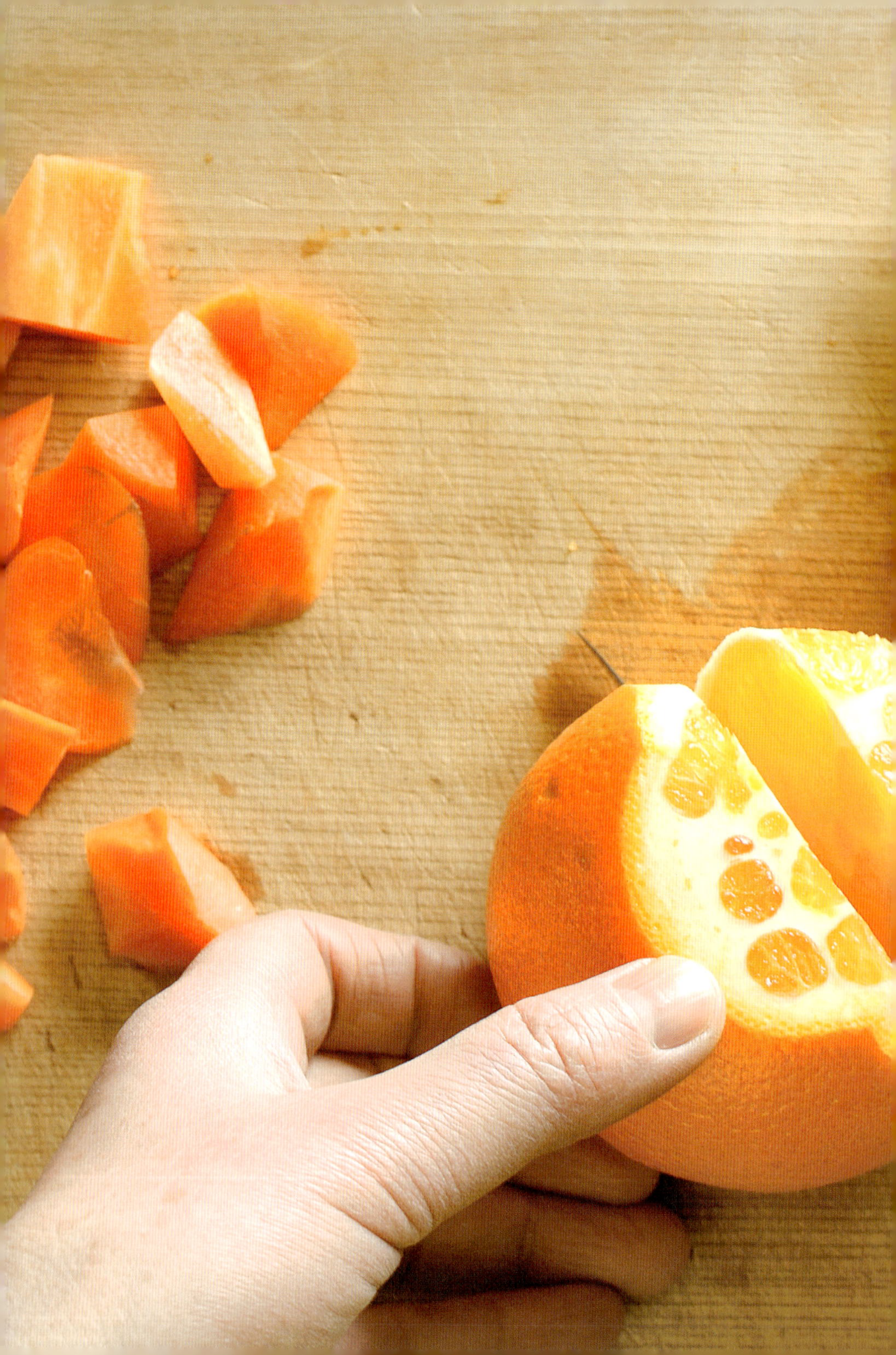

美容・アンチエイジングにも

4

美容とアンチエイジングは、いつの時代も女性の大きなテーマ。
天然サプリをしっかりととって、ナチュラル・ビューティ。
美肌を保ち、きれいに年齢を重ねましょう。

パパイヤ、アーモンド、牛乳

メラニン色素を抑え、シミ、そばかすを予防

におい立つほどに高い香りとなめらかな舌ざわりが特徴のパパイヤと、ナッツの香ばしさをもつアーモンド。少し意外な組み合わせですが、パパイヤの風味が抑えられてとてもおいしい。

ビタミンC、E、β-カロテンの3つの抗酸化物質を含むパパイヤにアーモンドを加え、若さを保つ効果のあるビタミンEをさらに強化。加えて、アーモンドの種皮に含まれるフラボノイドが、ビタミンEをいっそう効果的に機能させます。

材料:1杯分　173kcal
パパイヤ ──── 1/8個（50g）
アーモンド ── 10粒（10g）
牛乳 ────── 140ml

ほうれん草、バナナ、レモン、牛乳

体の内から健康を保ち、しっとりとした美肌の効果も

甘く濃厚な味わいのバナナは、野菜特有の青くささを消してくれます。ほうれん草の場合も、例外ではありません。レモンの酸味を加えて、味を引き締めたほうがよりおいしくなります。

ほうれん草にたっぷりと含まれたβ-カロテンが肌の老化を防止。もう一方のバナナは大腸の善玉菌を増やすオリゴ糖を豊富に含み、栄養バランスのとれた消化のよいエネルギー源。レモンでビタミンCを補充すれば、朝食として十分機能し、同時に美肌もしっかりと保てます。

材料：1杯分　114kcal
ほうれん草 ──── 1と1/2株（30g）
バナナ ──────── 小1/2本（50g）
レモン汁 ────── 小さじ1
牛乳 ────────── 120ml

いちご、ヨーグルト、オリゴ糖

善玉菌を増やして腸内を掃除。美肌を保ち、虫歯の予防も

いちごは、中粒7個で1日分がとれるほどビタミンCが豊富。そんなビタミンCの宝庫のいちごに、ビフィズス菌をもつヨーグルトと大腸でビフィズス菌を増やすオリゴ糖を組み合わせました。いちごの甘酸っぱさとヨーグルトの酸味は、女性ならだれもが好きになること確実。

ビタミンCはコラーゲンの生成を促してしわを予防し、同時にメラニンを抑えてシミができるのを防ぎます。ヨーグルトとオリゴ糖を組み合わせれば、大腸もきれいになり、便秘が解消されて美容にもつながります。

材料：1杯分　115kcal
- いちご ――― 4個（50g）
- ヨーグルト ― 75ml
- オリゴ糖 ―― 大さじ1
- 水 ――――― 75ml

キウイ、アボカド、レモン、牛乳

コラーゲンを増やして肌を強くし、紫外線によるシミ、そばかすを防ぐ

さわやかな香りのキウイには、美容に欠かせないビタミンCがたっぷり。アボカドもビタミン群のバランスがよく、食物繊維も豊富。レモンと牛乳を加え、コラーゲンの生成をたすけることにより美肌が期待できます。

キウイに含まれるビタミンCの量は、レモンの次に多い。アボカドの脂質は不飽和脂肪酸が多く、コレステロールを減らし、血液をサラサラにする作用があり、豊富な食物繊維が便秘解消にもはたらきます。

材料：1杯分　132kcal
キウイ ──── 1/2個（50g）
アボカド ──── 1/4個（30g）
レモン汁 ──── 小さじ1
牛乳 ──────── 120ml

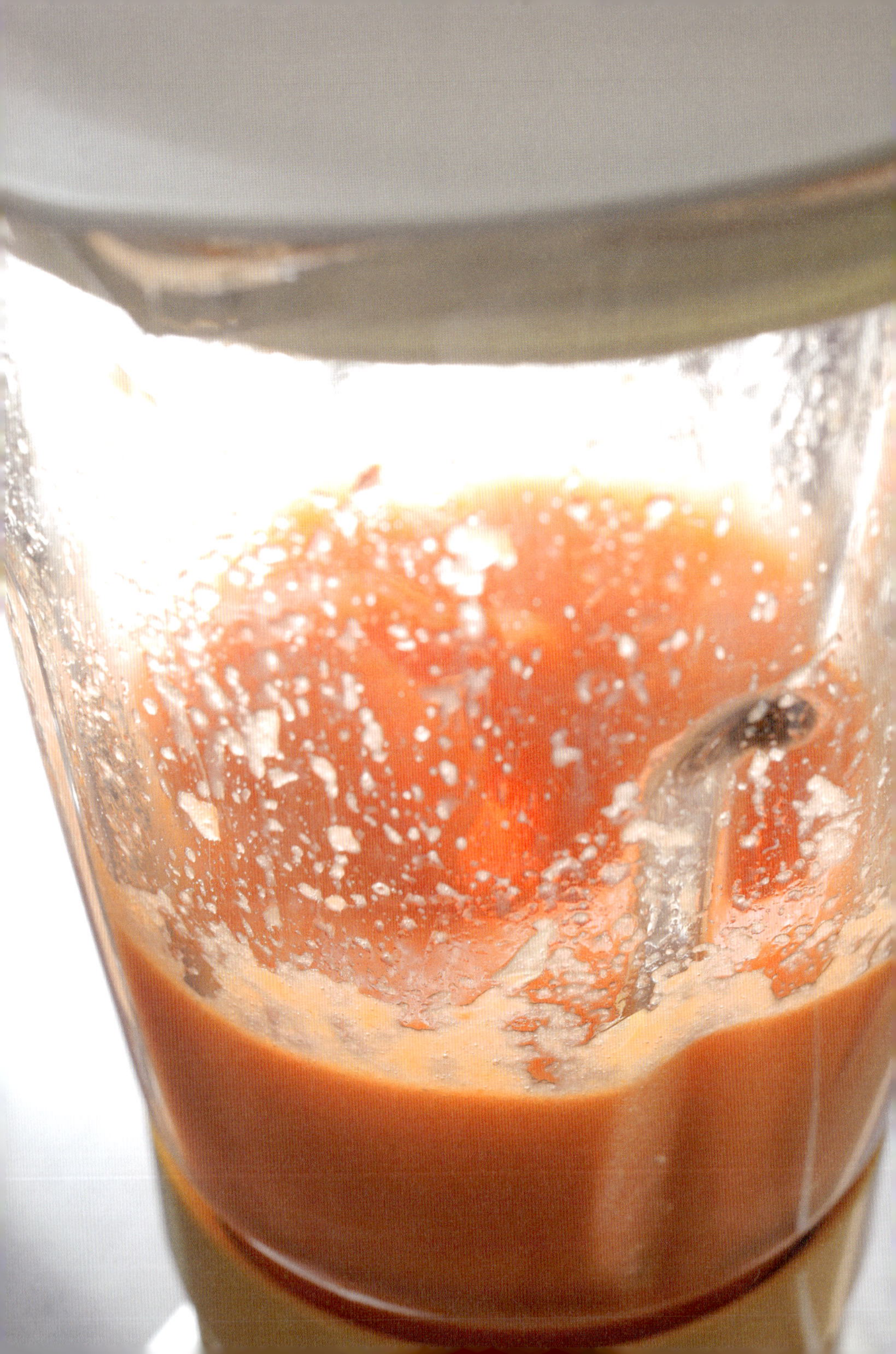

にんじん、オレンジ、グレープフルーツ、アーモンド

内側から体調を整え、常に張りのある肌を保つ

オレンジの強い香りとグレープフルーツの少し苦みのあるさわやかな香りが、にんじん特有のにおいを和らげます。アーモンドの香ばしさとひとつになり、とても飲みやすくなります。

にんじんからは皮膚の粘液を強くするβ-カロテン、2種のかんきつ類からは美肌効果のビタミンC、そして皮つきのアーモンドからは細胞の老化防止のビタミンEを、一杯のジュースに凝縮しました。

材料：1杯分　110kcal
にんじん ──────── 1/6本（30g）
オレンジ ──────── 約1/3個（50g）
グレープフルーツ ── 約1/4個（70g）
アーモンド ─────── 5粒（5g）
水 ───────────── 50ml

きゅうり、ヤクルト

むくみを取り去り、腸内をきれいにする

95％以上が水分のきゅうりですが、β−カロテンやビタミン群のほかにカリウムを多く含み、ナトリウムを体の外に出し、むくみを取り去る効果があります。1本で150億個の乳酸菌をとれるヤクルトと組み合わせました。

きゅうりはβ−カロテン、パントテン酸、カリウムが豊富で、代謝の促進、利尿効果、腎臓病予防、むくみを取るなどの効果大。乳酸菌の仲間のヤクルト菌は、ビフィズス菌と同様、善玉菌を増やして腸内を正常な状態に保ってくれます。

材料:1杯分　99kcal
きゅうり ──── 1本（100g）
ヤクルト ──── 2本（120ml）

モロヘイヤ、豆乳、オリゴ糖

便秘の悩みから解放され、強くきれいな肌に

代謝をよくして血液をサラサラにし、健康を保つことが、美肌につながります。便秘になると、おなかに毒素がたまり、肌荒れなどを引き起こします。便秘を直すことが、確実に美肌につながります。

モロヘイヤにあるネバネバの成分はムチンといい、胃腸の粘膜を保護し、血糖値やコレステロール値を下げる効果があります。100gあたり5.9gと食物繊維も豊富。善玉菌を増やすオリゴ糖といっしょにとれば、便秘の悩みを解消できます。

材料：1杯分　137kcal
モロヘイヤ —— 3枝（15g）
無調整豆乳 —— 180ml
オリゴ糖 —— 大さじ1

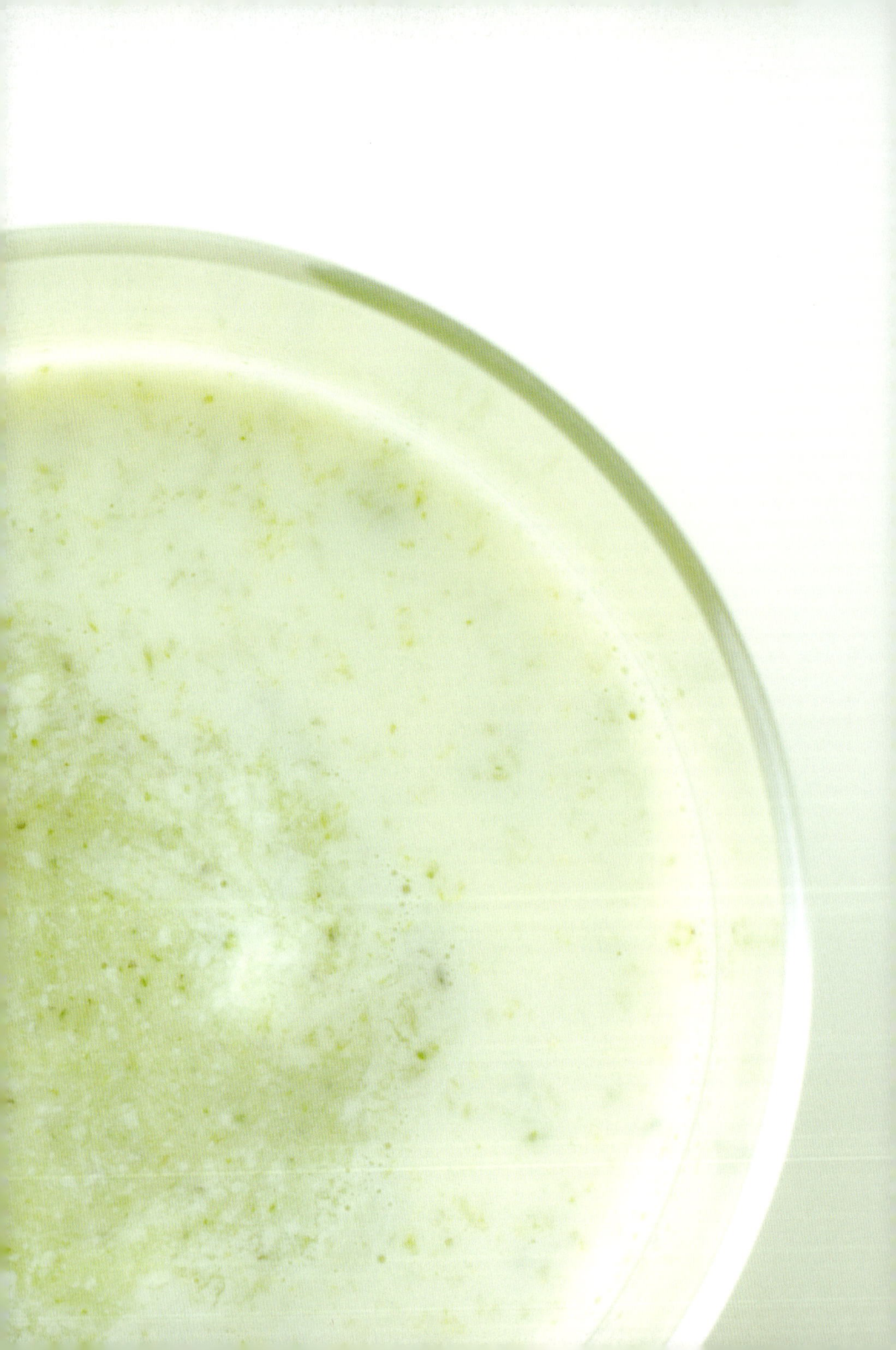

Column

豆乳―無調整と調整

豆乳は、いわば豆腐の素です。水につけてふやかした大豆を蒸しゆでにしたのち、細かく砕き、漉してできる淡いクリーム色の液体。漉した残りカスがおからです。豆乳にニガリを加えれば豆腐ができ、そのまま加熱すれば、湯葉ができます。豆乳は豆腐や湯葉と同様、栄養価の高い食品です。

豆乳は、多数のアミノ酸を含む植物性たんぱく質をはじめ、集中力アップ、イライラを解消するビタミンB群が豊富です。さらに、カリウム、リン、マグネシウム、鉄などのミネラル類も、バランスよく含んでいます。

現在、「豆乳」の名がついた製品は、JAS（日本農林規格）により「豆乳」「調整豆乳」「豆乳飲料」に分類されていて、「豆乳」は「無調整豆乳」を指します。この分類は、水分を除いたときの大豆固形分の割合に基づいています。

豆乳

大豆固形分8％以上（大豆たんぱく質換算で3.8％以上）。大豆から作られた豆乳で、水分以外の物を一切加えていない。「成分無調整」と表示されていることが多い。添加物を使わずに熱処理などを経てパッキング。甘くない。ニガリを加えると、豆腐ができる。

調整豆乳

大豆固形分6％以上（大豆たんぱく質換算で3.0％以上）。豆乳に、カルシウム、油脂、甘味料などを加えてあるため、甘みがあって飲みやすい。

豆乳飲料

果物、野菜、コーヒー、麦芽などを加えて風味をつけてある豆乳入りドリンク。牛乳でいえば、コーヒー牛乳などに相当する。果汁入りは、大豆固形分2％以上（大豆たんぱく質換算で0.9％以上）。そのほかの物を加えたものは、大豆固形分4％以上（大豆たんぱく質換算で1.8％以上）。

ジュースに使う豆乳は、無調整と調整の2種類。果物やコーヒーの風味がついている豆乳飲料は、ジュースの水分としては適していません。無調整と調整を使い分ける目安は、レシピに①甘味料があるかどうか、②果物など、甘みのある材料を使うかどうか、によります。甘味料や甘みのある材料を使うなら、甘みを添加していない無調整が適しています。

甘味料や甘い果物を使わないジュースに、無調整を使ってもまったく問題はありません。ただ、豆乳の味に慣れていないと飲みにくいので、その場合は甘みのある調整豆乳にすると飲みやすくなります。豆乳の植物性脂肪は、コレステロールの心配がなく、不飽和脂肪酸なので、メタボや動脈硬化を気にする人におすすめします。毎日飲み続けるジュースですから、できるだけ飲みやすい好みの味にすることもたいせつです。

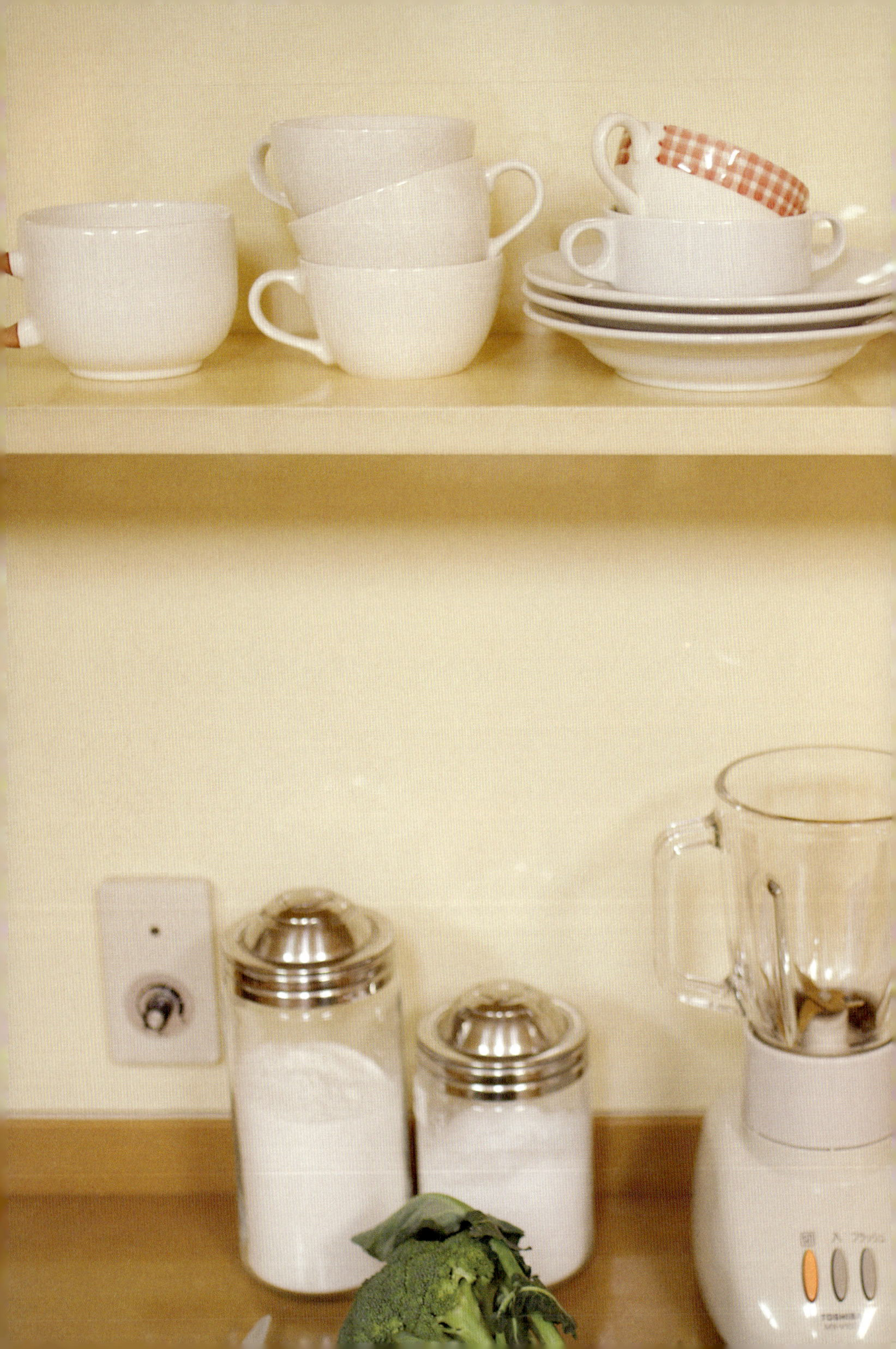

5

「食べるジュース」は「飲むサラダ」

少し時間に余裕のある日には
普段のジュースをちょっとお休み。
ミキシングを荒くして、食べるジュースにしてはいかが。
野菜をよく噛み、頭もスッキリ、爽快に。
すてきなアイデアがひらめくかもしれません。

レタス、キャベツ、豆乳

暑い季節、まだ頭が回転していない起き抜けにおすすめ。レタスとキャベツの香りが口いっぱいに広がって脳が刺激され、胃腸も活発になり、すっきりとした気分で出かけられます。

レタスはシャキシャキ、キャベツはバリバリ。歯ざわりが微妙に異なります。そんな2つの葉ものと豆乳には、健脳、精神安定、貧血予防、利尿作用、老化防止、肝機能強化などの効果があります。

材料:1杯分　64kcal
レタス ──── 2〜3枚(50g)
キャベツ ──── 1枚(50g)
無調整豆乳 ── 100ml
塩 ──────── 1g
黒コショウ ── お好みで

作り方のポイント:
レタスとキャベツの異なる食感を生かし、無調整豆乳と塩を加えて少し粗めにミキシング。黒コショウのピリッとした風味を効かせると、味が引き締まります。

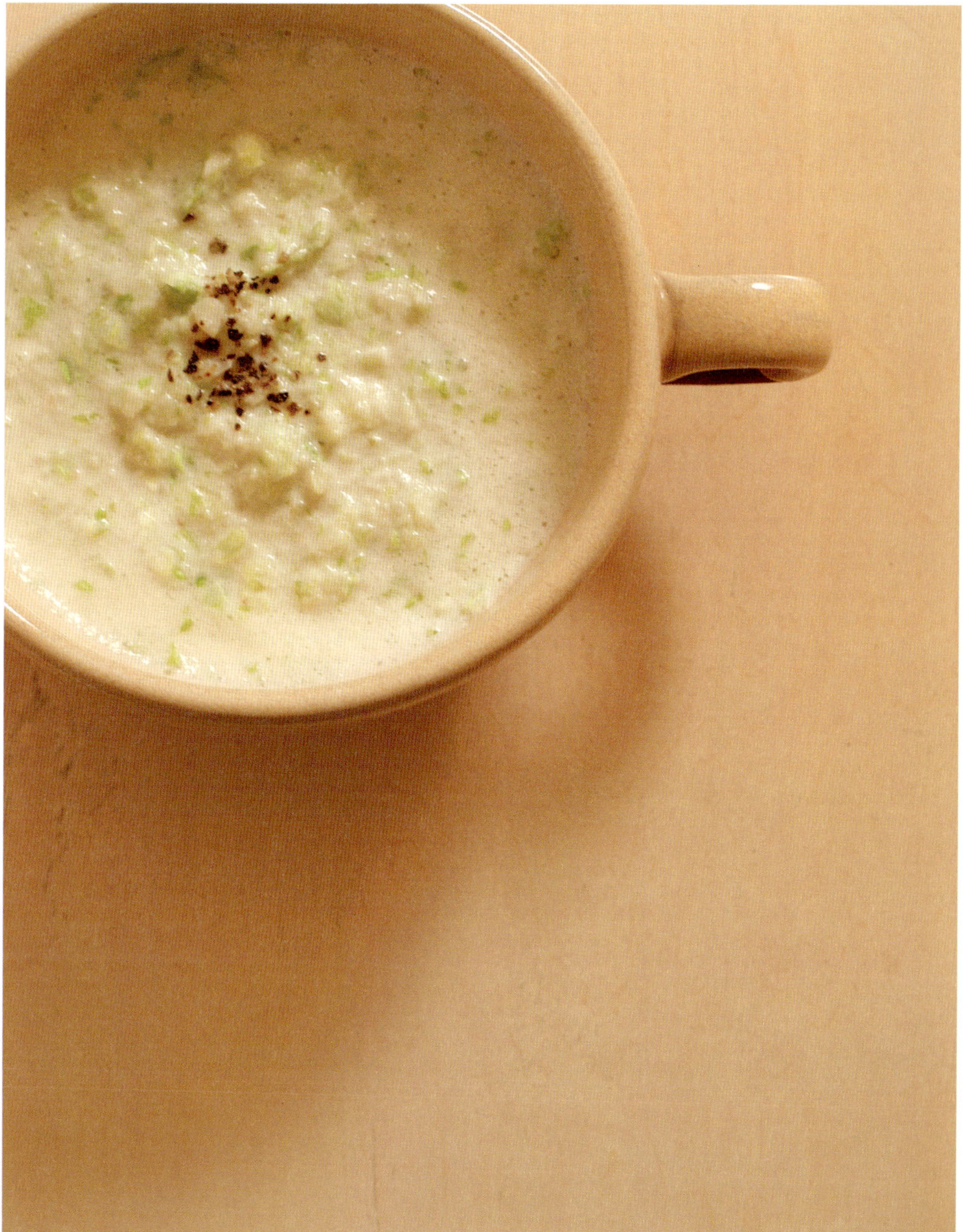

セロリ、ほうれん草、粉チーズ

イライラを抑えるセロリと栄養価の高いほうれん草の組み合わせ。青野菜特有の香りに、粉チーズのコクと味わいがよく合います。忙しくて気持ちが高ぶっている方は、ぜひ一度お試しを。

セロリには強壮効果や血液をサラサラにする効果があり、その香りがイライラした気分を抑えてくれます。ほうれん草といっしょにとれば、鉄分、β-カロテン、ビタミンB群もしっかりとれ、肌の老化やガンの予防の効果も得られます。

材料：1杯分　42kcal
- セロリ ── 1/3本（50g）
- ほうれん草 ── 2〜3株（50g）
- 粉チーズ ── 大さじ1
- 塩 ── 1g
- 水 ── 100ml

作り方のポイント：
セロリは葉もいっしょに使います。ほうれん草は軸を小さく切ったほうが、スムーズにミキシングできます。

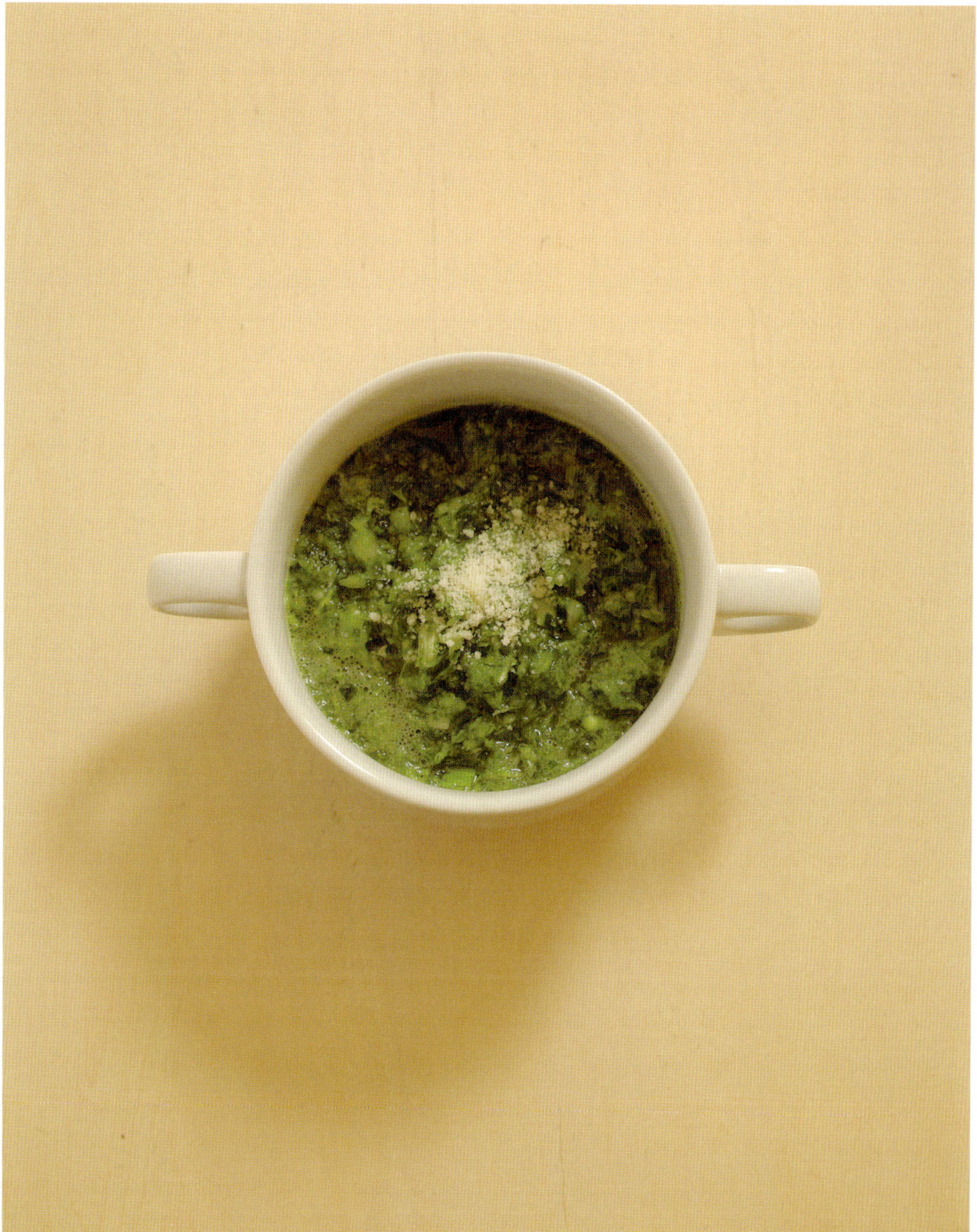

ブロッコリー、水菜、大豆

ザラッとしたブロッコリー、シャキシャキッとした水菜、やわらかい水煮の大豆の、それぞれの味わいが印象的。塩味をつけた豆乳が、とてもクリーミーに感じられます。

ブロッコリーと水菜に共通するのはデトックス効果。ブロッコリーは抗ガンに、水菜は体の細胞や血液をきれいにする作用があります。いっしょに大豆と豆乳をとることにより、コレステロール値を下げ、肥満防止の効果も得られます。

材料：1杯分　141kcal

ブロッコリー ──── 2房（20g）
水菜 ──────── 1株（20g）
大豆（水煮缶）── 60g
無調整豆乳 ──── 100ml
塩 ────────── 1g

作り方のポイント：
ブロッコリーは小さめに切り、水菜はざく切りにし、水煮の大豆は水気を切ります。豆乳、塩といっしょにミキサーにかけます。

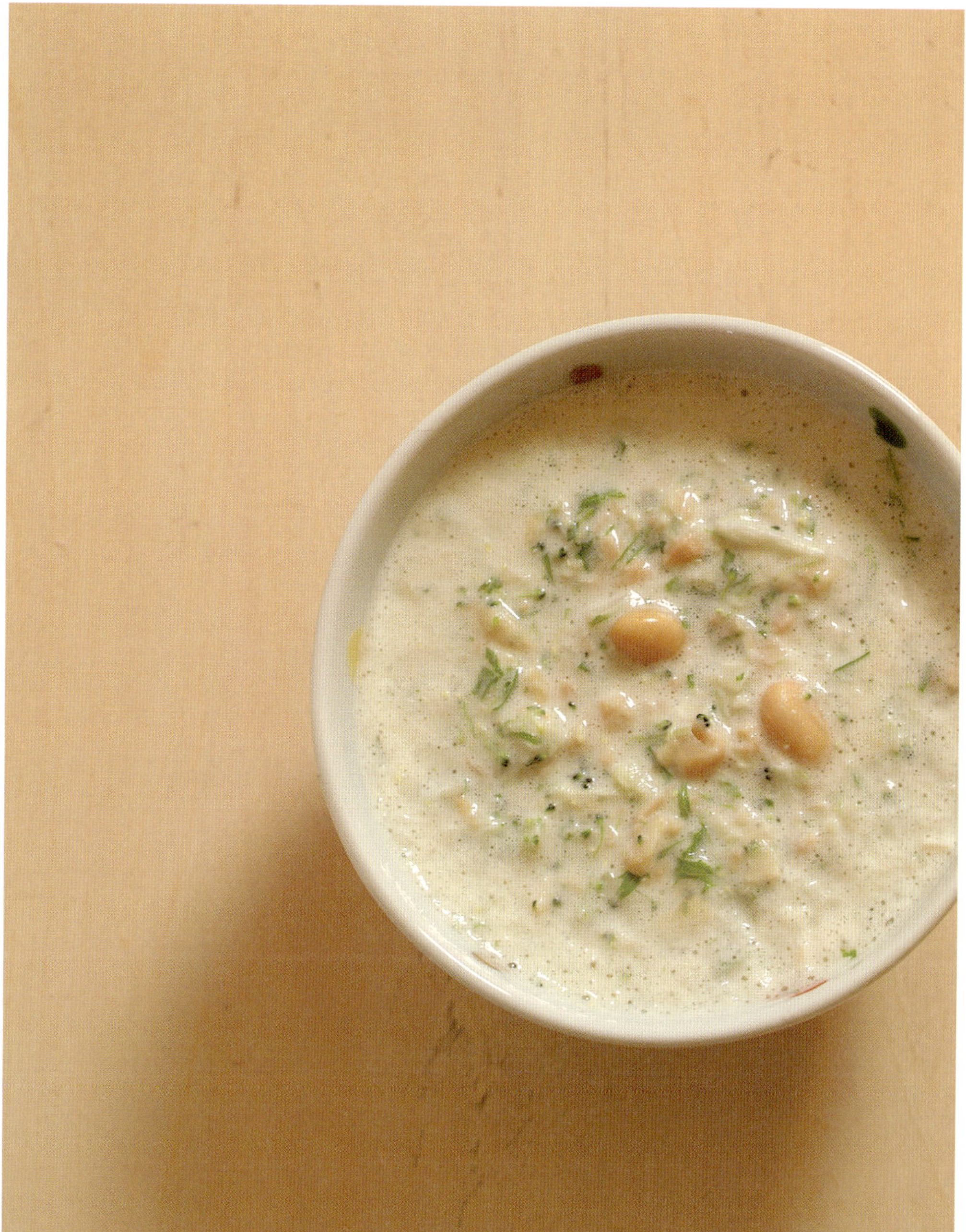

紫キャベツ、牛乳

普段、揚げ物などのいろどり程度にしか使わない紫キャベツ。しかし、その栄養成分は緑のキャベツよりも豊富。牛乳に溶け出した色素がピンクに染まり、とても色鮮やかです。

赤キャベツ、レッドキャベツともいいます。緑のキャベツよりもビタミンCの含有量が多く、カリウム、リン、亜鉛、銅も豊富。老化や美肌などに効果があり、特に紫の色素には活性酸素を除く抗酸化作用があります。

材料:1杯分　110kcal
紫キャベツ —— 約1/4個（50g）
牛乳 ———— 150g
塩 ————— 1g
コショウ —— お好みで

作り方のポイント:
芯のところを使う場合は、少し細かく切ったほうが、ミキサーにかけやすくなります。

149

サラダ菜、牛乳

やわらかくてくせのないサラダ菜は、牛乳によくなじみます。サクサクとした歯ざわりが軽く、いくらでも食べられそうな感じ。牛乳の量を加減して、お好みの濃度をみつけてみては。

折れやすくて傷のつきやすいサラダ菜ですが、栄養成分は意外に豊富。ほうれん草よりも多い鉄分をはじめ、β-カロテン、カルシウムも多く、貧血や肌の老化を予防する効果があります。

材料：1杯分　81kcal
サラダ菜 ——— 1個（100g）
牛乳 ——— 100g
塩 ——— 1g

作り方のポイント：
サラダ菜は、表面につやと張りがあるものが鮮度がよく、緑色が濃いものほど栄養価も高い。水で汚れをさっと洗い落とし、手でちぎり、牛乳、塩といっしょにミキシング。

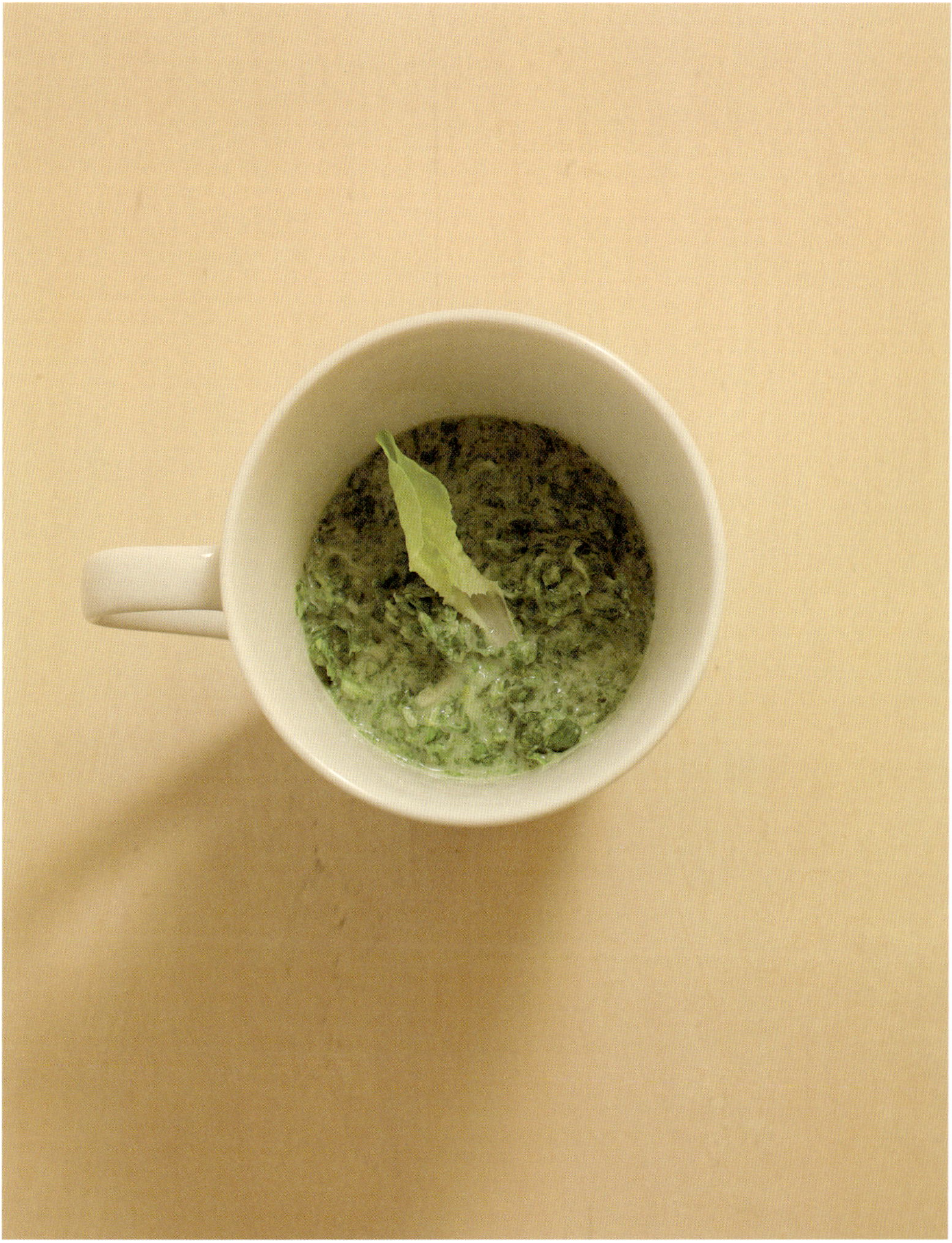

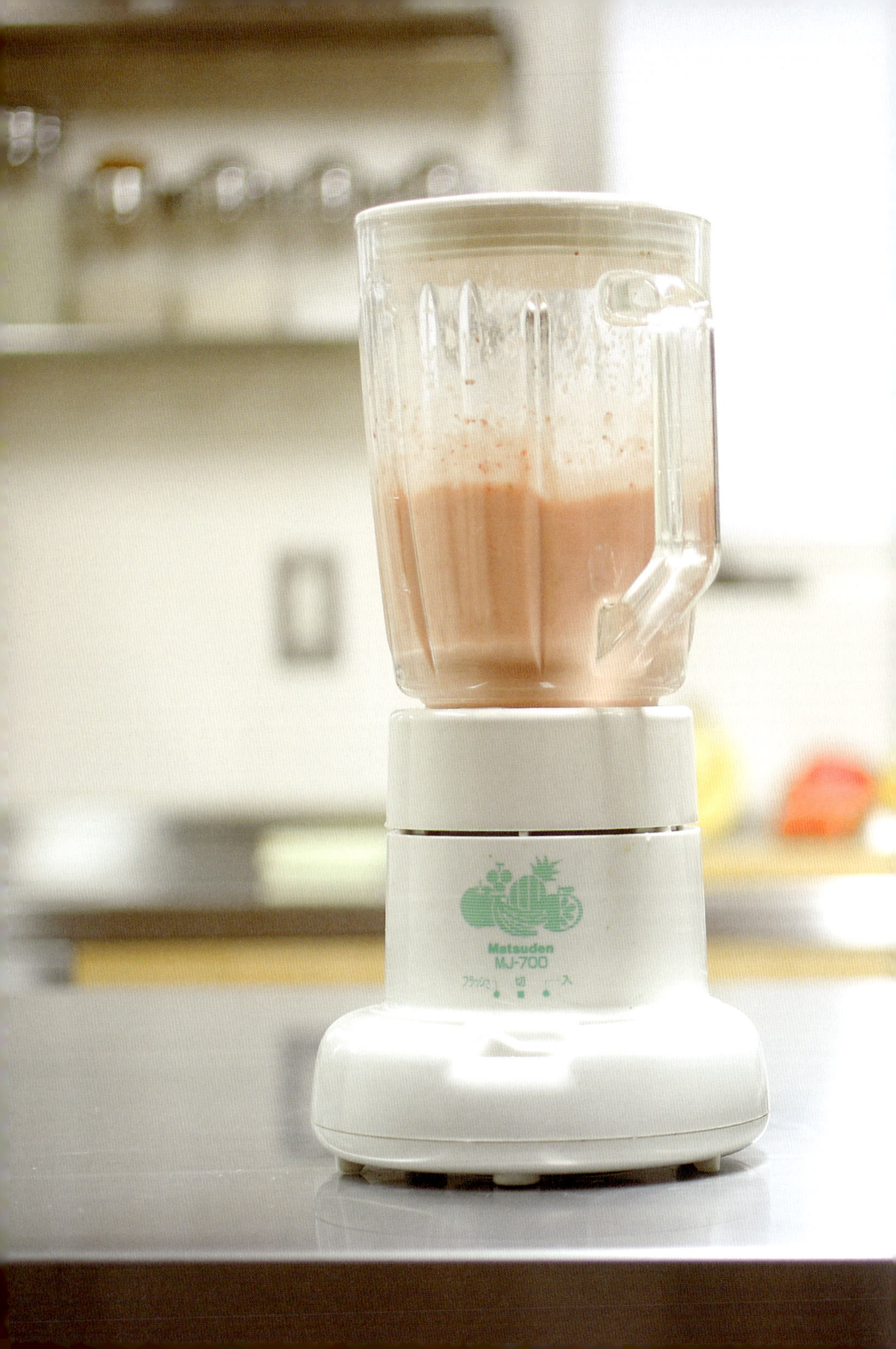
Matsuden
MJ-700
フラッシュ
切
入

6

「おいしい」から続けられる

食べて、飲んで、おいしいは食べ物の基本。
ジュースもけっして例外ではありません。
ずっと飲み続けられる
おいしいジュースを作りましょう。

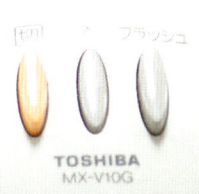

マンゴー、レモン、牛乳

マンゴーは外国産に加えて、宮崎や沖縄などの国産も出まわっていて、価格もいろいろ。レモンの酸味を加えると、味が締まっておいしくできます。β-カロテン、ビタミンC、カリウムが多いのが特長。

材料:1杯分 136kcal
マンゴー ——— 1/3個(50g)
レモン汁 ——— 小さじ2
牛乳 ——— 150ml

作り方のポイント:
マンゴーは味が濃厚なので、
好みに合わせて量を調節しましょう。

いちご、バニラアイスクリーム、レモン

淡いピンク色の冷たいジュース。いちごのプチプチとした種の食感と風味に、バニラアイスクリームを加えてクリーミーな味わいに。レモンを加えてビタミンCをしっかりととって、美肌効果も期待。

材料：1杯分　91kcal

いちご ──────────── 10粒前後（100g）
バニラアイスクリーム ──── 30g
レモン汁 ──────────── 小さじ2
水 ────────────── 100ml

作り方のポイント：
いちごはヘタを取ってそのままおいておくと、切り口からビタミンCが出てしまいます。ヘタをつけたまま汚れを落とす程度に洗い、使う直前にヘタを除きます。

ぶどう、キャベツ、レモン、はちみつ

ぶどうジュースはおいしいだけでなく、果糖とブドウ糖が素早くエネルギーに変化して元気が出ます。皮ごと使って抗酸化作用のあるポリフェノールをとり、キャベツを加えれば胃腸も元気になります。

材料：1杯分　119kcal

ぶどう（種なし）	約10粒（80g）
キャベツ	1/2枚強（30g）
レモン汁	小さじ2
水	90ml
はちみつ	大さじ1

作り方のポイント：
ぶどうは種が硬いので、種なしを用いて皮ごと使います。洗うと鮮度が落ちるので、使う分のみ洗い、残りは洗わずに保存袋に入れて冷蔵庫で保存しましょう。

バナナ、クレソン、牛乳

一見すると淡い青汁のようですが、ひと口飲めば、バナナ味でとても飲みやすいことがわかります。エネルギー源のバナナに、β−カロテンやビタミンCの豊富なクレソンを加えてさらにパワーアップ。

材料:1杯分　203kcal
バナナ ——— 1/2本（70g）
クレソン ——— 2～3枝（10g）
牛乳 ——— 120ml

作り方のポイント：
クレソンはひげ根と茎の下の硬いところを取り除き、手でちぎって使います。

オレンジ、メロン

オレンジやメロンは意外に当たりはずれが多く、熟しすぎてもおいしくありません。そんなときはぜひともジュースに。2つを合わせれば、相乗効果でおいしくなり、カリウムやビタミン群もしっかりとれます。

材料：1杯分　81kcal
オレンジ ──── 1/2個（100g）
メロン ───── 約1/8個（100g）

作り方のポイント：
オレンジのワタの部分には動脈硬化を予防するビタミンPが、メロンのワタの部分には育毛や血行促進にはたらくアデノシンが含まれているので、果肉といっしょに使います。

いちご、ブルーベリー

ストロベリー（いちご）とブルーベリーのベリー・ベリージュースを飲めば、美肌効果のビタミンCと眼精疲労や視力回復に効くアントシアニンがとれます。おいしいことは、もちろん言うことなし。

材料：1杯分　59kcal
いちご ——————— 6粒（70g）
ブルーベリー —— 30粒前後（30g）
水 ————————— 100ml

作り方のポイント：
いちごもブルーベリーも2~3日しか持ちません。残りは冷凍保存しておくと、いつでもそのまますぐに使えて便利です。

りんご、レタス、牛乳、はちみつ

消化がよく体にやさしいりんごのジュースは、子どもからお年寄りまで幅広い年代におすすめ。レタスを加え、ビタミン、ミネラル、食物繊維などを強化すれば、ダイエットにも最適です。

材料:1杯分　169kcal
りんご ——— 1/4個（80g）
レタス ——— 2枚（30g）
牛乳 ——— 90ml
はちみつ ——— 大さじ1

作り方のポイント:
りんごは、食物繊維のペクチンが皮に多く含まれているので、よく洗って皮ごと使います。エチレンガスを発生して、ほかの果物の熟成を早めてしまうため、残りは別の袋に入れて保存します。

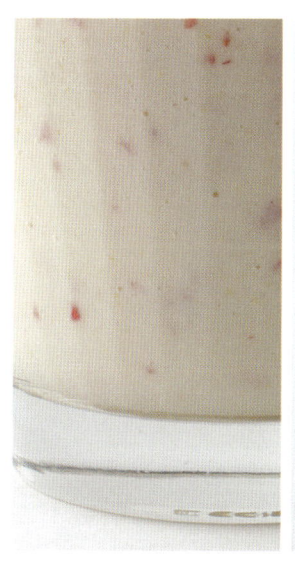

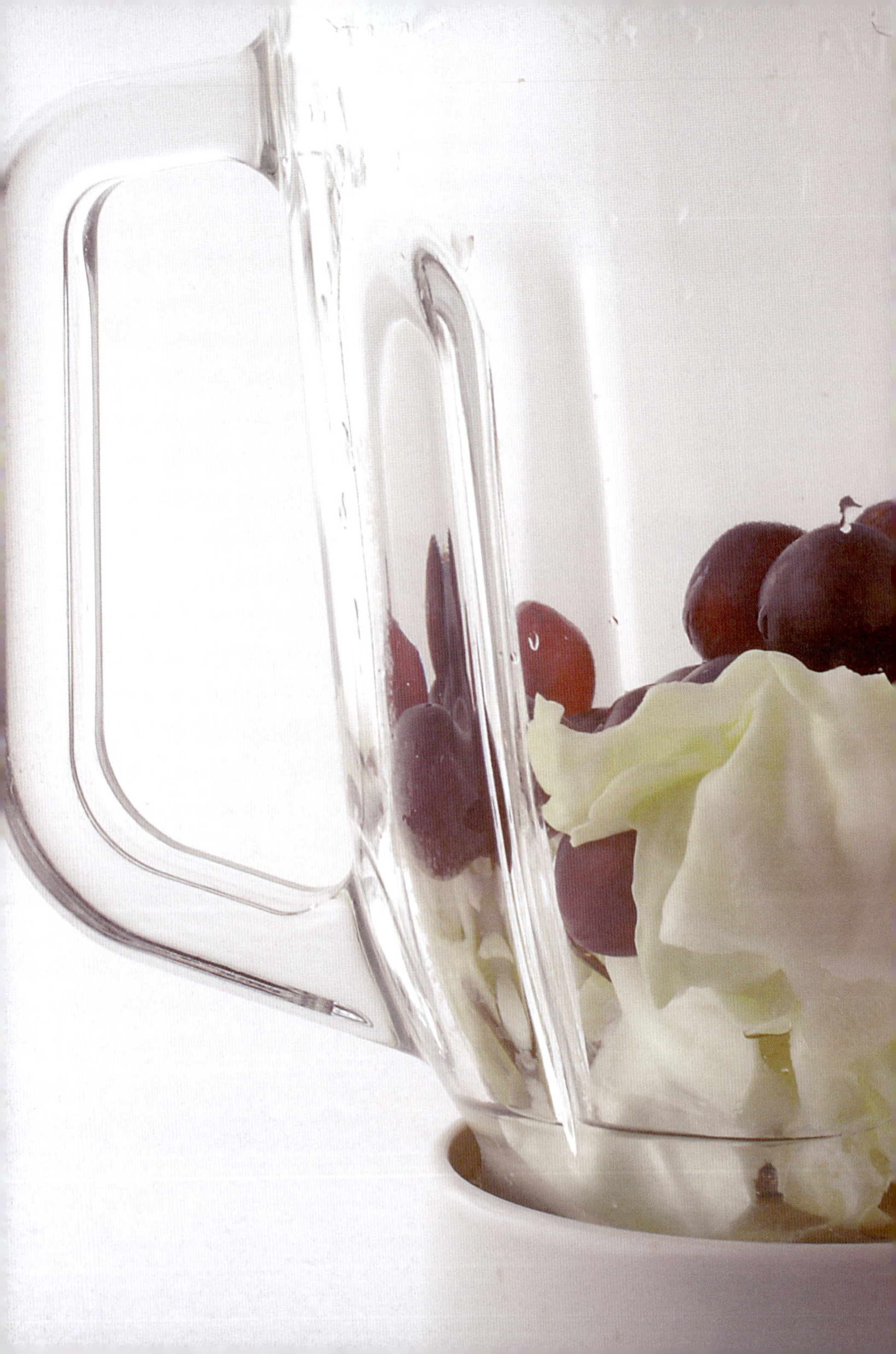

Column

外葉、ワタ、皮も使いきる

　ジュースは炒め物や煮物などの料理と異なり、ミキサーで細かく粉砕してしまうため、素材の形にはまったくこだわりません。

　最近、野菜や果物の流通事情が変わり、姿形は悪いけれど、食べてはおいしいものがスーパーなどでも手に入るようになりました。10年くらい前までは、きゅうりはまっすぐでないといけないとか、トマトは傷がついていてはいけないといったように姿形のよさばかりに目がいってしまい、肝心のおいしさや栄養価は二の次、三の次でした。そうした状況からすれば、ずいぶんと実質本位になってきたといってよいでしょう。生産農家の意識も農薬をできるだけ使わないで育てるように変わってきて、虫のくったキャベツや少しいびつなりんごなどが、手ごろな値段で売られています。

　ここで紹介するジュースは、まさにそうした野菜や果物を丸ごと使い、素材のもつ栄養素をしっかりととり入れることが目的です。

　キャベツの一番外側の葉も、虫が少しくっている程度なら、十分使えます。にんじんや大根などは、表皮に近い部分のほうが栄養成分が多い。ですから、きれいに水洗いして、皮はむかずにそのまま使います。

　葉つきのかぶやにんじんを見つけたら、迷うことなくそちらを買い求めましょう。にんじんの葉には、ビタミンA、カルシウム、鉄分などの栄養成分がたくさんありますし、かぶの葉にはβ-カロテン、ビタミンC、カリウムなどが多く含まれています。

　ほうれん草の赤い根元には、骨の形成に欠かせないマンガンが豊富です。葉元には土が残っていることが多いので、葉を一枚ずつ葉元からはずし、土を水でよく洗い落としてから使いましょう。栄養価があるのに捨ててしまうのはもったいない。

　果物の場合も同様で、皮や種の回りに栄養成分が多く含まれています。たとえば、メロンや瓜の類は、種の回りのワタが、一番甘くてジューシーです。かんきつ類の白いワタは、果肉といっしょに使いましょう。袋やスジに含まれる食物繊維ペクチンには、便秘や下痢を緩和し、コレステロールを排出するはたらきがあり、ビタミンPには毛細血管を強くし、動脈硬化を予防するはたらきがあります。レモンやオレンジなどの皮には、ビタミンA、C、Dのほかに、香り成分であるリモネンが含まれ、抗菌作用、胃腸の機能促進、咳や痰を止める作用、抗ガン作用などがあります。

　野菜の外葉や果物の皮には、こうしたファイトケミカルが豊富です。捨てずにしっかりととるように心がけましょう。

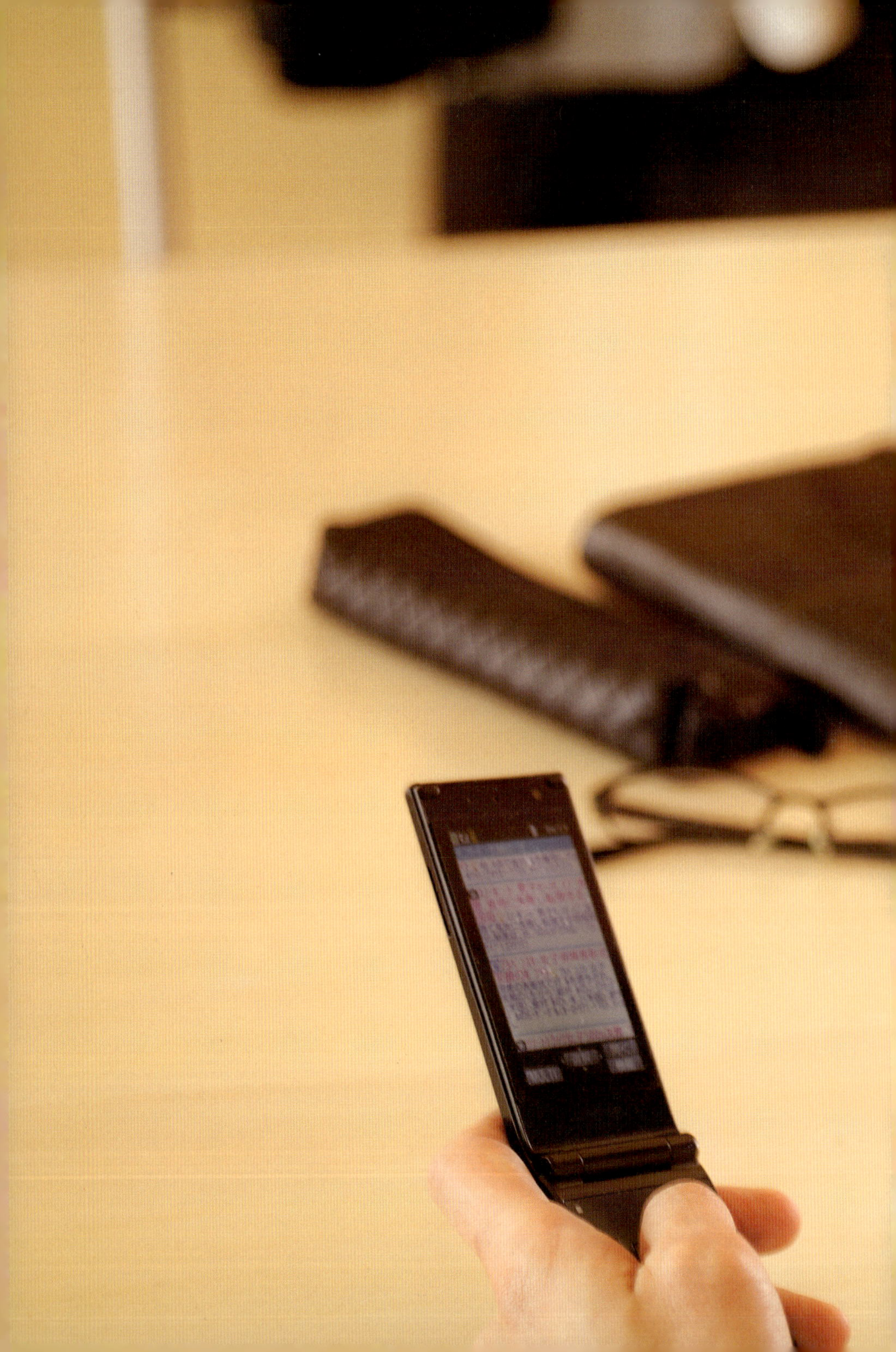

7

慢性疾患は、毎日飲んで予防・改善

上手におつき合いするのは、男女の仲だけではないと思います。
慢性疾患などの未病も、同じではありませんか。
じっくりと腰をすえて、毎日毎日少しずつ。
そうすれば、きっと明日が見えてきますよ、きっと。

高血糖

高血糖症（糖尿病）とは、血液の中に正常時よりもブドウ糖が多い状態をいいます。血糖値の上昇を抑え、コレステロール値を下げ、肥満予防にもなる食物繊維を毎日とることがたいせつです。

A ゴーヤ、キャベツ、バナナ、豆乳

血糖値を下げるはたらきのあるゴーヤの苦み成分のモルルデシンと、血圧を下げるレシチンやコレステロール値を下げるサポニンを含んでいる豆乳に、バナナ、キャベツを組み合わせました。

材料：1杯分　126kcal
ゴーヤ ——— 1/2本（60g）
キャベツ ——— 1枚（40g）
バナナ ——— 1/2本（50g）
調整豆乳 ——— 100ml

作り方のポイント：
硬いゴーヤは半分にしたのち、縦二つに切って種と白いワタをスプーンでかき出し、それからさらに細かく切るようにします。

B ピーマン、豆乳、オリゴ糖

ピーマン特有のにおいの成分であるピラジンには、血液をサラサラにしてくれるはたらきがあります。無調整豆乳と低カロリーのオリゴ糖で飲みやすくしました。

材料：1杯分　96kcal
ピーマン ——— 2個（50g）
無調整豆乳 ——— 150ml
オリゴ糖 ——— 小さじ1

作り方のポイント：
オリゴ糖を飲むとおなかがゆるくなることがありますので、控えめに使いましょう。

高血圧

血圧レベルが140/90mmHg以上になったら、高血圧に要注意。狭心症、心筋梗塞、脳卒中を引き起こしかねません。規則正しい生活が肝心です。

A 小松菜、いちご、いりごま

ほうれん草に並ぶ緑黄色野菜の小松菜に、血糖値の急上昇を抑えるペクチンと造血作用のある葉酸を多く含むいちご、コレステロールを取り除いて血行をよくするいりごまの組み合わせ。

材料:1杯分 76kcal
小松菜 ――― 1枚(50g)
いちご ――― 4～5粒(50g)
いりごま ――― 大さじ1
水 ――― 100ml

作り方のポイント:
ごまのファイトケミカルであるリグナンは、いりごまにするとよりパワーを発揮します。

B 海藻、豆乳

海の野菜といわれ、過剰なコレステロールを取り除き、血行をよくするアルギン酸が豊富な昆布などの海藻と、豆乳のジュースです。ムース状に固まるので、スプーンで飲んでください。

材料:1杯分 92kcal
海藻ミックス(乾燥) ――― 5g
無調整豆乳 ――― 200ml

作り方のポイント:
海藻ミックスは水で戻さず、乾燥した状態のままミキサーにかけます。

高コレステロール

コレステロール値が気になりだしたら、食物繊維をたっぷりととり、コレステロールといっしょに排泄してしまいましょう。そして、良質なたんぱく質をとるようにします。

A 春菊、トマト、ヨーグルト

コレステロール値を下げる効果のある春菊と、血糖値を下げ、動脈硬化を防ぐトマトをヨーグルトでジュースにしました。

材料：1杯分　81kcal
春菊 ——— 約1株（20g）
トマト ——— 1/2個弱（80g）
ヨーグルト —— 100g

作り方のポイント：
葉の多い春菊は、細かく切ったほうがよくミキシングできます。

B にんじん、酢、はちみつ

β-カロテンが豊富で食物繊維の多いにんじんには、動脈硬化を予防するはたらきがあります。血糖値の上昇を抑える酢、自然の甘みのはちみつを組み合わせて。

材料：1杯分　89kcal
にんじん ——— 1/4本弱（50g）
酢 ——— 大さじ2
水 ——— 120ml
はちみつ ——— 大さじ1

作り方のポイント：
にんじんは、小さく切ったほうが早くミキシングできます。

骨粗しょう症

骨の中がスカスカになると骨折しやすくなりますが、これは血液中のカルシウム不足が原因です。亜鉛やきのこ類に多いビタミンDをいっしょにとると、カルシウムを効率よく吸収できます。

A ほうれん草、レモン、牛乳、はちみつ

牛乳にはもちろん、ほうれん草とレモンにもカルシウムが豊富です。カルシウムの吸収を助ける亜鉛は、これら3種の素材とはちみつに含まれています。

材料:1杯分　165kcal
ほうれん草 ──── 5株（100g）
レモン（皮ごと）── 約1/4個（30g）
牛乳 ──────── 100ml
はちみつ ────── 大さじ1

作り方のポイント:
レモンの皮には苦み成分がありますので、
お好みで加減して使ってください。

B 小松菜、いりごま、牛乳、はちみつ

カルシウムたっぷりの小松菜といりごまに牛乳を加えてジュースにしました。ごまには、亜鉛も豊富に含まれています。

材料:1杯分　195kcal
小松菜 ──── 2株（100g）
いりごま ─── 大さじ1
牛乳 ───── 100ml
はちみつ ─── 大さじ1

作り方のポイント:
ごまはまとめていっておくと、香りもよく
手軽に使えます。

更年期障害

女性ホルモンの低下が原因になり、手足の冷え、肩こり、頭痛、のぼせなどを引き起こします。カルシウムをとりつつ、気持ちをリラックスさせることがたいせつです。

A ミント、牛乳

カルシウムの多い牛乳に、リラクゼーション効果のあるさわやかな香りのミントを加えました。牛乳にミントを加えただけですが、清涼感のあるジュースとしておいしく飲めます。

材料：1杯分　135kcal
ミント ―― 2～3枝（5g）
牛乳 ―― 200ml

作り方のポイント：
ミントの量は、お好みで調節してください。

B セロリ、豆乳

セロリの香り成分のフラボノイドには、血液をサラサラにする効果のほかにイライラを解消するはたらきがあります。カルシウムはセロリにも調整豆乳にも含まれています。

材料：1杯分　104kcal
セロリ ―― 1/3本（50g）
調整豆乳 ―― 150ml

作り方のポイント：
セロリは葉も栄養価が高いので、捨てずにジュースに使ってください。

貧血

貧血には、まず血液を増やすことが肝心です。血液を増やすには、鉄分とたんぱく質を効率よくとることです。銅をいっしょにとると、鉄の吸収がよくなります。

A プルーン、小松菜、牛乳

乾燥プルーンには、鉄分やミネラルがギュッと凝縮されています。小松菜も鉄分が豊富。その2つにたんぱく質を多く含んだ牛乳を加えた、甘くて飲みやすいジュースです。

材料:1杯分　148kcal
プルーン（種なし乾燥）——— 3粒（30g）
小松菜 ——————————— 1と1/2株（70g）
牛乳 ———————————— 100ml

作り方のポイント:
乾燥プルーンは果肉がねっとりとしているので、小さく切ってミキサーにかけたほうが早く攪拌できます。

B モロヘイヤ、オレンジ、豆腐、いりごま

造血に欠かせない成分をバランスよく含んだモロヘイヤに、オレンジ、植物性たんぱく質の豆腐、いりごまを加えてつくった、トロリとした濃度のあるジュースです。

材料:1杯分　117kcal
モロヘイヤ（葉のみ）——— 1枝（5g）　　オレンジ（皮ごと）——— 約1/3個（90g）
絹ごし豆腐 ———————— 50g　　　　　いりごま ———————— 大さじ1
水 —————————————— 50ml

作り方のポイント:
モロヘイヤは葉のみで、硬い茎は使いません。オレンジの皮には苦みがありますので、お好みで調整してください。

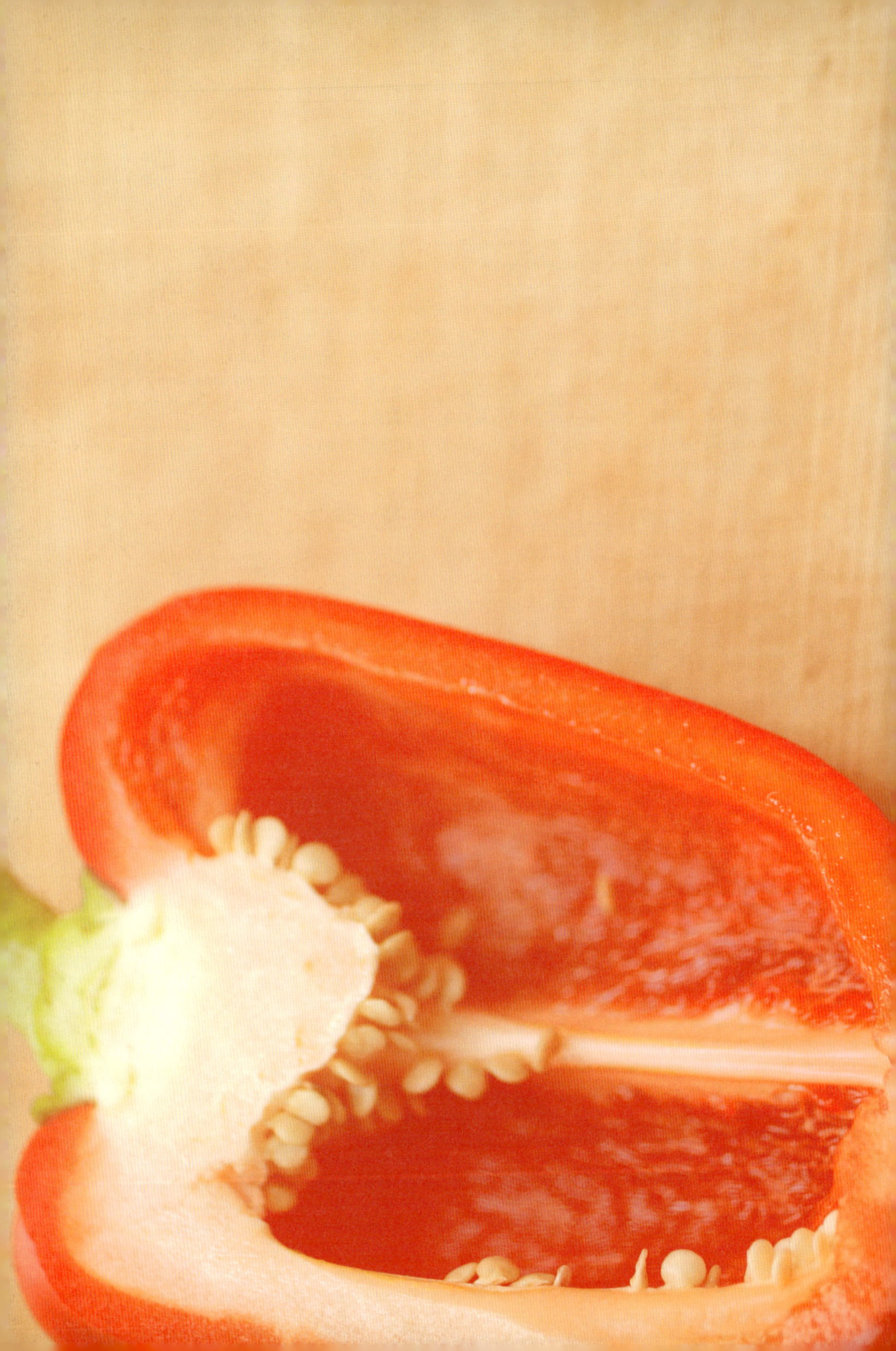

Column

「ファイトケミカル」とは

　活性酸素を除去する抗酸化作用に優れていることから、最近、ファイトケミカルに対する関心が高まっています。「ファイト」とは、ギリシア語で植物のこと、「ケミカル」は英語で「化学」のこと。つまり、ファイトケミカルとは、植物の化学成分を指し、人の体を維持していくのにとても大きな影響をもつ物質として、脚光を浴びています。

　従来、炭水化物、たんぱく質、脂肪、ビタミン、ミネラルを五大栄養素といい、それに加えた食物繊維を六番目の栄養素としています。そしてこのファイトケミカルが、第七の栄養素として認識されつつあります。

　食物栄養素とも呼ばれているファイトケミカルですが、簡単にいうと野菜や果物などを含めたすべての植物にある葉、果皮、種、茎、根などに含まれる色素、香り、苦みなどの成分のことです。ですから、一つの野菜や果物の中に、いくつものファイトケミカルが含まれています。トマトのリコピン、にんじんのβ－カロテン、ピーマンのカプサンチンなどは、皆、ファイトケミカルの仲間です。現在確認されているのは約9000種。さらに増えることが予想され、その数は万単位になるといわれています。

　ファイトケミカルは、活性酸素を取り除く抗酸化作用に優れ、老化、動脈硬化、コレステロールなどの広範囲にわたる病症の予防や、体質の改善に優れていることがはっきりとわかってきました。中でも期待されているのが、抗ガン作用についてです。

　ファイトケミカルは、色素や化合物の状態などによって分類されています。たとえば、色素による分類では、黄色系統のフラボノイド、オレンジから赤系統のカロテノイドがあります。フラボノイドはさらに細かくアントシアニン（ブルーベリーなど）、イソフラボン（大豆など）、カテキン（緑茶）などに分類されていて、カロテノイドにはβ－カロテン（にんじんなど）、リコピン（トマトやすいか）、カプサンチン（ピーマンなど）、カプサイシン（とうがらしなど）、ルテイン（ほうれん草など）などが属しています。カロテノイド系は、緑黄色野菜に多く含まれています。

　赤ワインに含まれていることで知られるファイトケミカルに、ポリフェノールがあります。このポリフェノールはファイトケミカルのカテゴリーの一つで、アントシアニン、イソフラボンとサポニン、カテキン、しょうがのショウガオール、ごまのセサミノールなどが属しています。

　ここに挙げた食材を見ると、アントシアニンはフラボノイドでもあり、ポリフェノールでもあるというように、一つの成分が複数のカテゴリーに属していて、細かく見ていくとわかりにくいかもしれません。しかし、免疫力をアップするために、体に大いにとり入れたほうがよいことは確かなようです。

老化

老化を防ぐには、骨を強くすることと、リコピンなどのファイトケミカルを上手にとることがたいせつです。一日に23粒のアーモンドが、老化を防いでくれます。

A アーモンド、ほうれん草、豆乳

アーモンドは、手軽にカルシウムやビタミンEなどの老化防止成分をとることができる食品です。歯や骨を強くするカルシウムを、アーモンドとほうれん草でしっかりとりましょう。

材料:1杯分　230kcal
アーモンド ── 23粒（25g）
ほうれん草 ── 4株（80g）
調整豆乳 ── 100ml

作り方のポイント:
アーモンドは丸のままミキサーにかけても、
簡単に細かくできます。

B トマト、にんじん、ヨーグルト

トマトとにんじんに豊富なβ-カロテンやトマトのリコピンは、老化予防に有効です。ヨーグルトにも若さを保つはたらきがあります。

材料:1杯分　91kcal
トマト ──── 約1/4個（50g）
にんじん ── 1/4本強（50g）
ヨーグルト ── 100g

作り方のポイント:
にんじんは細かく切ってミキサーにかけたほうが、
早くジュースにできます。

生理不順

月経に関するトラブルは、ホルモン分泌の乱れが原因です。血行をよくして体内から温めるようにしましょう。鎮静効果もあるカルシウムとマンガンの多い素材を、組み合わせてジュースにします。

A しょうが、パプリカ、豆乳

体を温め、血行をよくするには、しょうがに含まれるショウガオールとパプリカに含まれるカプサンチンが有効です。

材料:1杯分　113kcal
しょうが ──── 1かけ (7g)
パプリカ ──── 1/2個 (50g)
調整豆乳 ──── 150ml

作り方のポイント:
しょうがは繊維の太くないないものを使ったほうが、舌ざわりのよいジュースができます。

B アーモンド、レーズン、豆乳、はちみつ

ナッツ類やドライフルーツには、カルシウムやマンガンなどの栄養成分が凝縮されています。効能はもちろんのこと、香ばしさや甘みが加わっておいしいジュースができます。

材料:1杯分　267kcal
アーモンド ──── 10粒 (10g)
レーズン ──── 10g
無調整豆乳 ──── 180ml
はちみつ ──── 大さじ1

作り方のポイント:
レーズンは少し刻んでからミキサーにかけると攪拌しやすくなります。

症状・効果・改善別索引

あ
アンチエイジング	77、91、130、135、181
胃液分泌	25
胃潰瘍	123
胃腸の粘膜修復	121、137
胃の不調	20、82、123
イライラ	22、49、117、123、139、144、175
栄養バランス	24、46、50、61、64、66、75、103、109、131

か
風邪予防	43、95、107、111、127
肩こり	26、36、175
体を温める	27、183
加齢臭	76、77
肝機能	25、34、107、142
眼精疲労	160
血圧を下げる	97、167
血液サラサラ	27、115、117、119、125、133、137、144、146、167、175
血行不良	26、27、34、36、101、159、169、183
血糖値を下げる	25、97、137、167、169、171
下痢を止める	33、53、163
健脳	142
抗ガン作用	50、53、97、99、103、113、123、125、127、144、146、163
抗酸化作用	20、23、27、39、43、57、77、91、97、101、113、115、130、148、157
口臭	20、81
高血圧	91、103、107、125、168、169
高血糖	166、167
更年期障害	174、175
骨粗しょう症	93、95、119、172、173
コラーゲン生成	132、133
コレステロール	25、53、133、137、139、146、163、167、169、170、171

さ
シミ予防	57、99、127、130、132、133
滋養強壮	117、119
食欲増進	107、119
視力回復	160
しわ予防	54、132
心筋梗塞	101、103、169

	腎臓機能	34、107、136
	新陳代謝	83、136、137
	スタミナ補給	119、123、157、158
	頭痛	20、175
	ストレス解消	48、49、123
	生活習慣病	111
	精神安定	117、142
	整腸作用	33、53、83
	生理不順	26、182、183
	造血作用	53、89、91、169、177
	そばかす	99、130、133
た	ダイエット	50、161
	大腸ガン	109
	腸内環境	39、132、136
	鎮静	105、183
	デトックス	22、23、146
	糖尿病	25、125、167
	動脈硬化	25、97、101、113、139、159、163、171
な	内臓脂肪	24、50
	夏バテ防止	111
	ニキビ・吹き出もの	20、22
	寝不足	84
	脳梗塞	103
は	肌荒れ	20、48、54、115、137
	肌の老化	91、123、131、144、150
	冷え	26、27、175
	美肌	53、54、73、95、107、127、130、131、132、133、135、137、148、156、160
	肥満防止	125、146、167
	美容	111、132
	疲労回復	36、46、73、99、109、111、115
	貧血	103、119、142、150、176、177
	便秘解消	20、53、91、109、113、132、133、137、163

ま		
	むくみ	22、34、136
	虫歯予防	53、132
	メタボ	24、50、139
	メラニン色素を抑える	130、132
	免疫力	39、43、53、73、90、111、113、115、127
	毛細血管強化	115

や		
	野菜不足解消	61
	腰痛	26

ら		
	利尿作用	54、136、142
	老化防止	77、99、101、109、111、115、135、142、148、180、181

素材別索引

野菜

アスパラガス	85
枝豆（ゆでた冷凍）	85
おくら	20
キャベツ	20、33、43、61、77、83、121、123、142、157、167
きゅうり	54、73、136
クレソン	158
ゴーヤ	25、167
小松菜	27、66、77、93、95、111、169、173、177
サニーレタス	109、111
サラダ菜	150
しその葉	23
春菊	95、119、171
しょうが	27、39、183
セロリ	49、61、71、81、117、119、123、144、175
大根	83
チンゲンサイ	50
冬瓜	34
トマト	23、39、49、61、97、99、171、181
にんじん	20、23、39、43、61、77、90、113、115、135、171、181
白菜	73
パセリ	34、81
パプリカ	25、27、61、115、183
ピーマン	54、125、127、167
ブロッコリー	57、101、102、103、146
ほうれん草	23、36、43、61、66、89、90、91、119、123、131、144、173、181
水菜	66、146
紫キャベツ	77、148
モロヘイヤ	34、119、137、177
レタス	105、107、142、161

果物

アボカド	27、34、43、133
いちご	127、132、156、160、169
オレンジ	27、43、115、127、135、159、177

キウイ	57、73、91、107、133
グレープフルーツ	49、50、54、57、73、99、135
パイナップル	85、111
バナナ	23、33、39、46、64、75、107、131、158、167
パパイヤ	103、130
ぶどう（種なし）	157
ブルーベリー	160
マンゴー	155
メロン	54、159
りんご	23、33、50、83、161
レモン	71、73、99、131、133、155、156、157、173

乳製品・豆乳・その他の水分

牛乳	27、36、43、46、49、54、66、75、77、81、85、90、95、102、119、130、131、133、148、150、155、158、161、173、175、177
豆乳（無調整、調整）	20、25、34、36、46、54、57、64、66、75、81、91、107、111、137、142、146、167、169、175、181、183
バニラアイスクリーム	156
ヤクルト	136
野菜ジュース	61
ヨーグルト	33、39、57、64、77、83、119、132、171、181

穀類・糖類・その他の固形分

アーモンド	20、36、91、130、135、181、183
いりごま	169、173、177
梅干し	71
オリゴ糖	20、25、34、50、66、111、123、132、137、167
海藻ミックス（乾燥）	25、169
きな粉	46
絹ごし豆腐	103、177
ココア	49、64
コショウ	142（黒コショウ）、148
粉チーズ	75、144

砂糖	49、64
塩	142、144、146、148、150
ジャム	57、61
シリアル	64
酢	36、46、77（黒酢）、85、171
大豆（水煮）	95、146
タバスコ	27
卵	75
はちみつ	27、39、46、49、64、71、73、75、77、85、91、95、102、119、123、157、161、171、173、183
プルーン（種なし乾燥）	177
ミント	81、175
レーズン	36、183
わかめ（乾燥）	50

おわりに

　最近、健康に対する関心が高くなっているように感じます。いっとき流行ったグルメ嗜好に対する反動というよりも、もっと自分自身のことをたいせつにしなければ、という気持ちの表れではないでしょうか。
　とてもいいことだと思います。
　自身をたいせつにしようとすれば、自然と食材についても関心が向くようになりますし、さらには環境への意識も高まるでしょう。ひょっとしたら、皮つきのにんじんで作ったジュースを飲んだのがきっかけに、地球の温暖化などの問題を身近な存在としてとらえられるようになるかもしれません。
　まずは、一杯のジュースを飲み、体調の改善を目標においてください。きっと、体が、そして気持ちが、変わっていくに違いありません。

　　　　　　　　　　　　　　　　　浜内千波

浜内千波　はまうちちなみ

プロフィール

徳島県生まれ。大阪成蹊女子短期大学栄養科卒業。1980年、「ファミリークッキングスクール」を東京・中野坂上に開校。2005年、東中野にキッチンスタジオを開設。06年、キッチングッズ「Chinami」のブランドを立ち上げる。健康を第一に考えた料理を軸にしたライフスタイルを提案し、幅広い女性層から支持される。TV、雑誌、書籍、講演などで活躍。また、食品メーカーなどの商品開発も多数手がける。

『時短！簡単！圧力鍋レシピ』（扶桑社）、『浜内千波の21時からの遅ごはん』（保健同人社）、『1日6食ダイエット』（マガジンハウス）、『蒸し器もせいろもいらない　フタさえあれば！極上蒸しレシピ』、『フタさえあれば！すごくおいしい　フライパンで簡単蒸し料理』（日本文芸社）など多数の著書がある。

浜内千波のホームページ
http://www.fcs-g.co.jp/

ファミリークッキングスクール
田村つぼみ／昆まどか／渡邊エリカ

アートディレクション・デザイン
桐林周布（アゾーンアンドアソシエイツ）

撮影
矢野宗利

文・編集
藤生久夫

体を強くする サラダジュース

著者	浜内千波
発行者	友田満
印刷所	図書印刷株式会社
製本所	図書印刷株式会社
発行所	株式会社 日本文芸社
	〒101-8407　東京都千代田区神田神保町1-7
	TEL 03-3294-8931（営業）03-3294-8920（編集）

Printed in Japan　112100601-112120604 Ⓝ 13
ISBN978-4-537-20817-7
URL http://www.nihonbungeisha.co.jp/
© Chinami Hamauchi　2010
編集担当　吉村

乱丁・落丁本などの不良品がありましたら、小社製作部宛にお送りください。
送料小社負担にておとりかえいたします。
法律で認められた場合を除いて、本書からの複写・転載（電子化を含む）は禁じられています。
また、代行業者等の第三者による電子データ化および電子書籍化は、いかなる場合も認められません。